Performer Nitente
treinamento e alegorias para criação

4 COLEÇÃO MACUNAÍMA NO PALCO: UMA ESCOLA DE TEATRO

Edição de texto:	IRACEMA A. DE OLIVEIRA
Revisão de provas:	LUIZ HENRIQUE SOARES
Ilustrração de abertura	ARTISTA DE RUA DE HAVANA, CUBA, 2006.
Capa e projeto gráfico:	SERGIO KON
Produção	RICARDO NEVES, SERGIO KON, ELEN DURANDO E LUIZ HENRIQUE SOARES

Adriano Cypriano

Performer Nitente

treinamento e alegorias para criação

CIP-Brasil. Catalogação-na-Fonte
Sindicato Nacional dos Editores de Livros, RJ

C996p

    Cypriano, Adriano
Performer nitente : treinamento e alegorias para criação / Adriano Cypriano. - 1. ed. São Paulo : Perspectiva; Teatro Escola Macunaíma, 2015.
    128 p. : il. ; 21 cm.

    Inclui bibliografia
    ISBN 978-85-273-1036-9
    Teatro. 2. Criação (Literária, artística, etc). I. Título.

15-23352   CDD: 792
                                                                             CDU: 792

01/06/2015   10/06/2015

DIREITOS RESERVADOS À

EDITORA PERSPECTIVA S.A.

AV. BRIGADEIRO LUÍS ANTÔNIO, 3025
01401-000 SÃO PAULO SP BRASIL
TELEFAX: (011) 3885-8388
WWW.EDITORAPERSPECTIVA.COM.BR

2015

Sumário

Caminhos no Desconhecido

7

1. Resistência & Iluminação

11

Três Jogos, Ars Magna, Intérprete-Representante, Preparando o Performer, Divisão do Treinamento, Descrição de Exercícios de Treinamento

2. Quatro Animais Fabulosos

47

Dragão, Harpia, Unicórnio, Fênix, Exercícios Propostos Para os Quatro Animais Fabulosos

3. Cartografia

81

Mapa de Tonicidade Muscular, Mapa de Ritmo, Mapa de Acústica, Mapa Plástico, Mapa Mitopoético, Mapa Estrutural, Mapa Abstrato/Concreto

4. Pentagrama

105

Cinco Revestimentos, Intersecções e Procedimentos Sugeridos

Bibliografia

125

Agradecimentos

Agradeço a todos que colaboraram para esta obra, aos artistas que se sensibilizaram com as propostas aqui expressas e deixaram-se afetar pelos estímulos e pelas provocações lançadas. Em especial agradeço a João Otávio, Angélica di Paula, Marcos Berman e Camila Turim por tantas repetições e demonstrações e a Rebeka Ukstin pelas fotografias.

Aos artistas e amigos Paco Abreu e Simone Shuba, agradeço pela incansável ajuda. Ao amigo Eduardo de Paula, pela leitura atenta e contribuições valiosas.

O maior agradecimento a Luciano Castiel e Débora Hummel, que tornaram este projeto editorial uma realidade.

Ao professor Armando Sérgio da Silva, pela sempre segura e generosa colaboração. Estendo meu agradecimento ao Cepeca e sua importante tarefa.

Agradeço profundamente a colaboração incansável de Milena Filócomo, artista e pesquisadora, que pacientemente reviu este material.

E a Selene, como a Maryara, simplesmente por serem.

Em memória de Laura K. Lucci,
João Otávio
e Nissim Castiel.

Caminhos no Desconhecido

A tarefa de reunir parte de minha pesquisa e organizá-la na forma deste trabalho revelou-se mais árdua do que o esperado. Sempre admirei o poder de síntese de alguns mestres que, de maneira simples e acessível, exploram pensamentos intrincados e quase inexpugnáveis, e lamento profundamente não possuir tal habilidade. Enfim, resignação mútua: minha e daqueles que se atreverem para além destas palavras de custosa lapidação e árida fluência.

O declarado esforço em amealhar conquistas, construções, dúvidas e fazer com que elas tenham alguma serventia para os artistas que virão me motivou escrever este material. Porém, não há como escapar da embaraçosa confissão de que, após décadas lecionando, sinto a boca torta pelo repetido uso do cachimbo. O educador inquieta-se e suas contribuições, muitas vezes, impõem-se às do artista. Convidado a analisar a escolha de ser professor por profissão, sugeri que o radical da palavra nos induz a pensar naquele que de forma responsável, porém destemida e generosa, expõe suas verdades professando-as, sem jamais temer perdê-las ou substituí-las conforme o caso.

Certa vez ouvi de Eduardo Tolentino[1] que o teatro era uma arte para iniciantes e iniciados. Desde então, tenho tropeçado nessa mesma ideia pelas vozes de variados artistas e teóricos. Por

---

[1] Eduardo Tolentino de Araújo, diretor de teatro carioca e fundador do Grupo TAPA.

outro lado, o professor Armando Sérgio[2] ressalta que enquanto o pedagogo deve ampliar o repertório de seus alunos, evitando cercear-lhes as possibilidades, o artista deve fazer opções radicais e ater-se a elas em seus processos de criação. Talvez seja entre esses extremos que o professor de artes cênicas trafegue.

Creio que este livro reforce a introdução de processos criativos para alunos-atores, pois aqui são operados conceitos e ferramentas que demandam investigação e pesquisa – fundamentais à formação artística. Mas não descarto seu valor didático e espero não ser esta uma obra hermética ou voltada ao jargão acadêmico. O material aqui reunido germinou de atividades práticas e pesquisas de campo (ensaios e aulas) e destina-se à lida direta em ambientes de criação.

Inicialmente exponho algumas propostas sobre o processo de preparação e criação do artista de teatro. Sumarizo algumas observações gerais sobre o treinamento do performer e exponho aquilo que considero a qualidade ideal ao artista de teatro contemporâneo, que designo por *performer nitente*. Tal suposta qualidade teria a capacidade de alçar o performer de uma condição de simples executante do ato cênico a artista crítico e proprietário autoral de sua criação. Ao tratar dessa questão pela primeira vez ainda no desenvolvimento de meu mestrado, optei pelo termo *ator nitente*, mesma terminologia empregada em artigo publicado posteriormente[3].

Entretanto, a terminologia ator/atriz já não condiz com a autoimposta condição das artes cênicas na atualidade. Para o cinema, TV e outras mídias que possam fornecer suporte para a arte da representação e para aquele teatro afastado do contexto pós-dramático e performativo, talvez o emprego desses termos ainda possua proveito. As discussões no campo do mecanismo do teatro, da relação entre o artista e o "produto" criado e deste com a recepção

---

2 Armando Sérgio da Silva, professor titular do Departamento de Artes Cênicas da Escola de Comunicações e Artes da Universidade de São Paulo e criador do Cepeca (Centro de Pesquisa da Expressão Cênica do Ator).

3 A. Cypriano; A.S. Silva, O Ator Nitente, em A.S. Silva (org.), *Cepeca: Uma Oficina de PesquisAtores*, p. 320.

do público ultrapassaram o simples aspecto de transposição de obra ficcional, de tal maneira que atualmente o substantivo mais adequado para nomear esse novo estatuto é performer; termo que, penso, isenta o artista de sexismos e o estrangeiriza desencaixando--o propositadamente.

Certamente o caráter de agente da representação não é revogado pelo deslocamento do termo, mas a instância actancial é compartida com a audiência, assim como a formação do sentido da própria representação completa-se a partir da perspectiva do público.

A segunda parte deste livro contém a exposição de três metodologias de criação, estruturadas na forma de alegorias. Cada um desses caminhos é detalhado em suas divisões e etapas – ao final de cada segmento existe uma breve descrição dos exercícios que os compõem. Vale entender que a construção de modelos para a tipificação de personagens é em si uma metáfora. O objetivo desse exercício teórico-prático é servir como fonte de estímulos para artistas em processos de ensaios. Tais modelos não se referem propriamente a personagens, mas ao seu processo de criação. Trata-se de ferramentas a serem livremente empregadas durante o mergulho no caos dos processos de construção da cena e de desconstrução do performer.

Ao leitor desavisado, as extensas descrições de exercícios e atividades podem parecer maçantes, forçando-o a pular tais momentos, mas aqueles ávidos por caminhos, aqueles artistas insones e obsessivos, talvez possam encontrar algum bálsamo para suas angústias nesses conselhos.

1.

Resistência & Iluminação

*O corpo dilatado é acima de tudo um corpo
brilhante, no sentido científico do termo:
as partículas que compõem o comportamento cotidiano
foram excitadas e produzem mais energia, passaram
por um incremento de movimento, ditanciaram-se mais,
atraem-se e opõem-se com mais força, num espaço
mais restrito ou expandido.*
E. BARBA; N. SAVARESE, *The Secret Art of the Performer*

Acredito existirem três partições distintas na experiência de artistas teatrais: treinamento, ensaios e apresentações. Cada uma representa não apenas uma etapa distinta, mas uma dinâmica variável da existência artística do performer. De modo que cada um desses territórios possui sua própria integridade e fundamento, ainda que mutuamente influenciando-se e contaminando-se.

A relação proposta apresenta o seguinte modelo:

Treinamento	Perene	Intrapessoal
Ensaio	Episódico	Sectário
Apresentação	Fenomenológico	Público

Uma vez que este capítulo trata de alguns aspectos do treinamento para performers de teatro, reservo as palavras iniciais para tecer brevíssimas indicações também sobre ensaios e apresentações.

O sistema ternário proposto supõe duas qualidades essenciais e diferenciadoras que compreendem as dimensões temporais e relacionais da atuação do performer. Por outro lado, essas mesmas qualidades nos fazem intuir um plano especular de conceitos operacionais, descritos como os três jogos.

Ocorrendo de maneira intermitente, mais ou menos esporádica ao longo da existência do performer, podemos afirmar que os ensaios possuem caráter episódico. Sendo sazonais, reúnem um número variável de pessoas, por algum tempo e frequência, com objetivo razoavelmente definido, geralmente pretendendo a temporada de um espetáculo.

Um grupo reúne-se para partilhar intenções e segredos. O grau de abertura sobre os segredos aos "de fora" – público em geral ou novatos no mundo teatral – varia enormemente de acordo com as características de cada ajuntamento. A permissividade no compartilhamento dos arcanos entre os membros do grupo e deles com outros é uma medida imponderável, pois não há como medir-se qual grupo é mais ou menos hermético. Mas, durante o treinamento, compartilhar os saberes adquiridos com os demais é basilar para a sustentação do grupo. O funcionamento dessas ilhas flutuantes, como as descreveu Eugenio Barba[1], pode ser mais ou menos longevo, assim como seus processos de preparação de espetáculos. O conjunto de esforços para a preparação de algum tipo de exposição a outrem gera a atitude que ora preconizo. Seguindo essa trilha de ideias chegamos, por indução, à crítica indefinição de funções no âmbito da produção do teatro contemporâneo. Um dos sintomas dessa crise seria a percepção de um esgotamento de terminologias técnicas para designar os artistas envolvidos, o que nos obriga a revisitar tais funções constantemente.

Por fim, a apresentação é um ato público voltado, em última instância, a todas as pessoas de todos os lugares. Mesmo que o teatro floresça em um contexto local e se valha, em grande medida, desse regionalismo, apresentar-se é um ato para o mundo todo. Mostrar-se implica em ser visto por quem ainda nos é estranho. O público é o outro, mas não o rosto. Esse outro, no fenômeno da apresentação, passa a constituir-se em rosto. Por compor a apresentação, dela frui artisticamente de maneira autônoma. Ou seja: cada espectador é um autor/compositor livre do fenômeno que lhe

---

[1] "A quinta função do treinamento é a formação de grupos. Em uma cultura individualista como a euro-americana o treinamento precisa fazer com que se supere o individualismo." *Além das Ilhas Flutuantes*, p. 248.

é singularmente revelado. Tanto melhor para ele como um membro da audiência quanto mais aparelhado estiver para a recepção do espetáculo... mas aí é outra história.

Três Jogos

> *O teatro é talvez uma das mais difíceis formas de arte, pois três conexões devem ser completadas simultaneamente e em perfeita harmonia: ligações entre o ator e sua vida interior, com seus companheiros de trabalho e com o público.*[2]

O símbolo que melhor representa o primeiro desses "jogos" é a mandala, instrumento milenar utilizado para concentração. Uma imagem formada por um núcleo central que representa a unidade primordial e manifestações exteriores, que são derivações específicas desse núcleo gerador. Assim, temos inicialmente um fluxo com sentido dentro/fora. Entretanto, chegando às manifestações exteriores percebemos a necessidade de retorno ao núcleo do qual tais manifestações derivam, gerando um contrafluxo fora-dentro. Cria-se um perpétuo câmbio de formação original e dissolução desse núcleo formativo, evidenciando o valor simbólico da relação do indivíduo e sua(s) identidade(s).

O primeiro jogo brota para o performer de suas impressões sutis, amorfas, surgidas dos esforços iniciais em direção à cena. Esse jogo é constituído pelas íntimas relações que o artista estabelece com as imagens cênicas que forja. A existência do artista, suas crenças e atitudes são transformadas numa fornalha em que se fundem os projetos pessoais e artísticos.

---

2 P. Brook, *There Are No Secrets*, p. 31. No caso das obras estrangeiras citadas, todas as traduções são de nossa autoria.

Utiliza-se das mônadas[3] para representar o segundo jogo. A seita Jaina na Índia afirma que cada pessoa é uma mônada. Um tipo de pulsão simples e em essência desprovida de personalidade, que compõe uma consciência mais elevada. Cada mônada possui uma vibração diversa e sua posição cósmica depende da qualidade dessa vibração ou luz. Desse modo, para podermos evoluir, mônadas de vibração mais "leve" devem tocar em mônadas de vibração mais "pesada", fazendo-as ascender à cabeça de Deus, uma espécie de paraíso jainista. As mônadas alegorizam não apenas os seres, mas as ideias. Em arte, cada ideia, cada *insight* de composição cênica possui uma visão de mundo. Do mesmo modo, um artista interfere na criação de outro, borrando o sentido de autoria na instância última da cena. Assim, a generosidade é a qualidade essencial para esse jogo, pois a grande convergência em relação ao trabalho artístico lida justamente com a capacidade do performer em reagir aos estímulos oferecidos por seus parceiros. Em um espectro que vai de Meisner[4] a Barba a concordância inicial em relação à cena é a de que o performer deve estar pronto para usar o que lhe é "oferecido".

Portanto, o segundo jogo é aquele compartilhado pelos performers. Tal sinergia única origina-se da cumplicidade, ou da ausência dela, construída ao longo do processo de ensaios e treinamento.

O terceiro jogo, o fenômeno, é um paradoxo entre o eterno e o fugaz, que só pode ser experimentado em parceria com o público. Aí se vê que cada apresentação é um sistema em si, com convenções que lhe são próprias e construídas na relação imediata cena x plateia. O jogo é uma alegoria posta em marcha pela ação deliberada de um ajuntamento de indivíduos; um superorganismo de vida tão efêmero quanto a duração do espetáculo. A conjunção de signos instáveis, a apresentação e o encontro fundam-se nessa instabilidade de princípio. O fenômeno é singular por caráter.

...

3 O termo se encontra também registrado como mônade.
4 Sandford Meisner (1905-1997), ator e professor americano do The Group Theater.

Ars Magna

Acredito que um dos principais atributos da arte seja o poder de proporcionar momentos de epifania[5] ao seu público. Quanto maior e mais profundo o campo de repercussões proporcionado por tais experiências, maior será seu valor para aqueles que as fruem. Experiências pelas quais primeiramente terão passado os oficiantes do culto, os performers e os intérpretes-representantes. Assim, para proporcionar ao público uma aparição ou manifestação divina, que em uma apresentação talvez correspondesse ao resultado da catarse (purificação identificada à superação do binômio terror/piedade), têm os performers que, preliminarmente, passar pelo mesmo processo de expurgo.

A repercussão de que trata Bachelard[6] ao evocar a imagem poética é, conforme afirma o filósofo, de base fenomenológica[7]. Portanto, a experiência evocada pela explosão da imagem poética frente ao apreciador é idiossincrática, singular. Ainda que toda a plateia de uma determinada apresentação sinta-se assolada por um estado de beatitude e, logo, envolvida em êxtase, cada espectador o sentirá de maneira única, a tal ponto que faltam palavras para descrevê-lo[8]. As repercussões evocadas pela imagem teatral tanto mais profundas serão quanto mais próximas estiverem de alguma forma manifestada de imagem arquetípica. E não é justamente o

...

5   Origina-se do termo grego *epiphanéia*, aparição. A palavra passou a designar a aparição de Cristo aos apóstolos, após seu retorno da mansão dos mortos. Emprega-se o termo para a erupção abrupta de alguma grande revelação de caráter místico ou filosófico na consciência do indivíduo.

6   Gaston Bachelard (1884-1962), filósofo francês.

7   "Assim sendo, para determinarmos o ser de uma imagem teremos de sentir sua repercussão, no estilo da fenomenologia de Minkowski". *A Poética do Espaço*, p. 2. Lembrando que para o psicanalista Eugene Minkowski o fenômeno tratado como repercussão seria um indício psicofísico de uma dada experiência.

8   Para um aprofundamento nesse ponto, sugiro a leitura de A Poética do Devaneio e da Imaginação em Gaston Bachelard, de Ângela C. Fronckowiak e Sandra Richter. Disponível em: <http://www.gedest.unesc.net/seilacs/devaneio_angelaesandra.pdf>

sentido oculto do mito aquilo que faz com que algo no inconsciente coletivo seja ativado?

Ao atingir-se esse ponto, que está para além da identificação e do distanciamento, irrompe a súbita consciência de algum aspecto daquilo que é "grave e constante" na existência humana[9]. Esse ponto de rapto, que independente de sua duração, eterniza-se em uma espécie de trauma, uma experiência única e inicial, pois evoca tentativas de repetição. O encontro com o emblema máximo, a consubstanciação da pessoa actante no modelo pretendido é a, embora nunca resolvida, meta para o suposto intérprete-representante. O ato de representação escapa à esfera do entretenimento descomprometido e é guindado à condição de ritual, operando com suas ferramentas, os códigos de uma dada mitologia contemporânea.

Muito ouvi falar, muito repeti sobre uma suposta fé cênica. A própria combinação desses termos resulta em um paradoxo: acreditar piamente no jogo, na chicana, no embuste. Ou, talvez, à moda de Fernando Pessoa imaginar que fingimos uma fé que deveras temos no artifício. E ao (artificialmente) nos modificarmos em cena, essa artificialidade e a deliberada mudança, temperadas com o azeite de estilizações, nos alteram profundamente.

Por outro lado, também parece ser inevitável que as escolhas levadas à cena sejam os sintomas observáveis de transformações, angústias e dilemas sendo processados naquilo de mais íntimo e simultaneamente mais explícito da existência do artista. Uma opção no teatro é, portanto, uma opção na vida.

Tentamos, sempre que participamos de um processo, expressar nossas mais profundas crenças na arte teatral, mas apenas arranhamos a superfície daquilo que realmente nos é importante, na maior parte do tempo. Como se algo sutil estivesse sempre um pouco mais para lá, um pouco depois do horizonte. Sempre perseguimos aquele momento único, a iluminação que fará com que tudo subitamente faça sentido e os nossos esforços sejam

---

9   Cf. J. Campbell, *As Máscaras de Deus*, v. 1, p.53.

RESISTÊNCIA & ILUMINAÇÃO

finalmente recompensados. A busca pelo ideal, o encantamento pela perfeição sempre nos empurra, nos arrasta mais e mais em direção aos limites. Onde será a borda, a fronteira dessa formidável alma humana? Onde se torna vã nossa luta pela intertextualidade? Buscar metáforas que mostrem um pouco melhor quem nós somos não seria um dos imperativos da arte teatral? Então, para fazê-la realmente grande, esse imperativo deveria ser perseguido impiedosamente. Abandonar-se à completa inclemência de princípios e rejeitar de forma cabal a autocomplacência talvez sejam os grandes atos de coragem e generosidade demandados dos performers de todos os tempos e lugares.

O teatro é uma expressão autocorrosiva, alimentando-se de suas próprias bases. A cada apresentação, um novo universo será formado para ser aniquilado, mais uma vez, terminado o espetáculo. Restarão apenas lembranças daquela obra de arte ontologicamente efêmera.

Acredito que o artista deva ser radical em suas ideias, porém, de uma radicalidade flexível, mutável e resoluta. O teatro é a mudança, o movimento, a transformação. Estagnação em teatro é morte. Ao buscar um intérprete-representante opto pelo nada discreto charme da radicalidade, da obstinação em contradizer o senso comum. Opto pela tradição que une as farsas atelanas[10] à *Commedia dell'Arte*[11] e Delsarte[12]. Tradição que liga Grotowski[13] e Stanislávski[14] a Zeami[15]. A mesma tradição que constantemente impõe ao artista romper com todo o passado.

...

10 Forma tradicional de teatro romano, surgida provavelmente por influência da Grécia.
11 Forma de teatro popular de grande expressividade física, expressão do Renascimento italiano provavelmente herdeira das antigas atelanas.
12 François Delsarte (1811-1871), ator, músico e professor francês. Propositor de um sistema de interpretação que leva seu nome.
13 Jerzy Grotowski (1933-1999), diretor e teórico polonês.
14 Constantin Stanislávski (1863-1938), ator e diretor russo. Propositor de um sistema de interpretação que leva seu nome.
15 Zeami Motokyio (1363-1443), ator, compositor, dançarino e dramaturgo japonês. Desenvolveu um belo trabalho teórico sobre as habilidades do ator/bailarino do teatro nô.

Intérprete-Representante

Ao longo dos anos, percebi que alguns performers atingem um grau de domínio técnico que os habilita a composições de grande refinamento e alta complexidade estrutural. Embora esses atores e atrizes possuam traquejo e técnica apurados, suas criações, por mais encantadoras que sejam, jamais alcançam aquele indizível âmbito que as obras da Grande Arte possuem. O trabalho desses atores e atrizes é sempre dependente das proposições diretivas da encenação e se ressentem da falta de uma dramaturgia pessoal. Atores e atrizes como os descritos são extremamente dependentes de uma marcação precisa e não conseguem ir muito além das imagens fornecidas por um texto dramático. Dessa forma, os denomino intérpretes.

Independente da qualidade do trabalho apresentado por um intérprete, seus resultados não exploram o limite das imagens a que se referem, por mais tocantes que possam ser. Durante o processo de criação, suas proposições são acessórias à montagem do espetáculo. Aquele aspecto obscuro que os símbolos portam apresenta-se ausente no trabalho do intérprete, posto que as imagens sugeridas serão apenas a execução formal das diretivas autorais, ou de *mise-en-scène*. De tal forma que os signos executados pelo intérprete – mesmo os de grande intertextualidade – são para ele estrangeiros, nascidos em outrem e trazidos para uma fisicalidade que apenas os fazem observáveis. Cabe ao autor ou encenador todo o mérito (mesmo que não reconhecido) do sucesso ou fracasso de um determinado espetáculo.

O trabalho de um intérprete não é vazio, mas carece de uma alma que lhe confira o *status* de arte, ainda que possa ser reconhecido como arte menor. O intérprete executa, tanto quanto sua capacidade o permita, o fruto de uma criação dramatúrgica nascida fora dele. No campo da criação, não há um adultério que torne tais imagens cênicas pessoais e insubstituíveis.

O intérprete é um grande técnico e domina, com maestria, seu ofício. No limite de suas possibilidades, ele pode ser considerado um artista menor. Por outro lado, existe o intérprete-representante. Denominação destinada àqueles que se aventuram por um caminho diverso, tenebroso, traiçoeiro e incerto, mas recompensador de uma descoberta pessoal. O intérprete-representante é aquele que se deixa levar pelo imperativo da necessidade da revelação, que traz à luz aquilo que o instinto obstinadamente teima em manter escondido. Portanto, ao exortar a existência do intérprete-representante necessariamente menciona-se o problema da consciência.

O escopo almejado seria a criação de um caminho viável e reproduzível para a organização e formalização do material de criação do performer, de modo que ao final de um número predefinido de etapas possa-se aferir um resultado observável. Esse resultado seria o conjunto de imagens cênicas, que em uma edição linear, como em um texto de literatura dramática convencional, seria medido pela audiência da personagem. Proponho que independentemente da maneira de apresentar as imagens ao público, o personagem teria uma abstração comparável à do efeito cinético que a projeção cinematográfica proporciona. A crise da personagem não aparenta ser um evento passageiro no teatro.

A busca por um modelo que exponha o artista-criador configura-se como o caminho percorrido pelos grandes mestres ao longo do último século. A recorrência entre as ideias desses homens de teatro repousa na questão da consciência do ator em relação ao seu trabalho, seja no campo ético-expressivo (Stanislávski), histórico (Brecht[16]) ou mitológico (Artaud[17] e Grotowski), quase como se pudéssemos traçar uma história natural da consciência cênica ao longo do século xx. E é justamente aí, no fugidio termo consciência,

---

16 Bertold Brecht (1901-1958), autor, diretor, poeta e teórico alemão, criador do teatro épico de matiz antiaristotélica.
17 Antonin Artaud (1896-1948), poeta, ator, dramaturgo, roteirista e diretor de teatro francês. Sua obra *O Teatro e Seu Duplo* é um dos principais textos sobre a arte do teatro no século xx.

que nasce o intérprete-representante. Em um sentido instrumental entendemos por consciente "tudo aquilo que o ego percebe e sabe. A consciência é um *órgão* de percepção que registra e interpreta as múltiplas relações com o mundo ao redor, assim como assimila as imagens e os símbolos do inconsciente, classificando-os como palavras e conceitos."[18]

Ao criar imagens absolutamente pessoais e transpô-las para a cena, o intérprete-representante usa seu próprio sangue para pintar o quadro que será fruído pelo público. Ao se arrepender de um traço, de um matiz, ele cria um distinto *pentimento* (arrependimento) que se eterniza por debaixo das novas tintas. A densidade das imagens apresentadas e, consequentemente, seu valor artístico serão tanto maiores quanto mais íntimos e pessoais forem seu desnudamento frente à audiência. Paradoxalmente: quanto mais particular, mais universal; quanto mais intrapessoal, mais interpessoal. A contínua e profunda apreensão do "eu" é a fonte inesgotável para o esboço de imagens. A riqueza dessa dinâmica resulta da aproximação arquetípica das criações ensejadas, imagens arquetípicas no sentido junguiano do termo. Nossa percepção é de que o processo de individuação[19] corresponde em alguma medida à ascensão das criações imagéticas em termos de valor artístico[20].

Dessa maneira, ao opormos essas duas categorias de artistas (intérpretes e intérpretes-representantes), inferimos que o hiato entre ambas ocorra na visão do papel do artista frente à própria arte. Enquanto os primeiros, após um indeterminado período de treinamento, desenvolvem um arsenal técnico que os capacita ao trabalho, o intérprete-representante, em contínuo e infindável processo de preparação, busca a consciência de seu fazer artístico.

...

18 H. Hark (org.), *Léxico dos Conceitos Junguianos Fundamentais*, p. 39. Grifo nosso.
19 Segundo H. Hark: "A individuação coincide com o desenvolvimento da consciência a partir do estado primordial de identidade. Sendo assim, significa uma ampliação da esfera da consciência e da vida psicológica consciente." Op. cit., p. 75.
20 É interessante observar a quantidade abundante do termo "arquétipo" em *Towards a Poor Theatre*, de J. Grotowski.

RESISTÊNCIA & ILUMINAÇÃO

Tal diferença se expressa em distintas visões sobre a própria arte teatral e sua produção, função e posição no mundo.

Meu vocabulário e proposição firmam-se em uma característica peculiar à ideia de presença. Proponho a busca de um ator performático, compreendido como intérprete-representante, que possua a característica de ser nitente.

> "nitente[1] *adj. 2g.* "resplandecente, brilhante, nítido". XVII. Do lat. *nìtèns –entis,* part. pres. de *nitère* / nitESCÊN IA, 1899. nitente[2] *adj. 2g.* "resistente, que se esforça". XVI. Do lat. *nìtèns –entis,* part. de *nìtor.*"[21]

Essa tal qualidade de simultaneamente ser iluminado e resistente é uma pequena dádiva da língua portuguesa à compreensão da arte de performer. De modo que proponho a integração desses dois aspectos para a consolidação do intérprete-representante como emblema.

Entre os termos resistência e iluminação reside uma pulsão.

A resistência volta-se ao próprio objeto que resiste. O objeto resistente desenvolve uma qualidade estrutural que o habilita a esforçar-se. A resistência é para dentro, é o sinônimo do imóvel. A pura resistência cria estátuas. A resistência é irracional, cega. A luz é toda visão. A luz é para fora, direciona-se ao mundo. É imaterial e toda mobilidade. A luz como metáfora do que é consciente e, assim, sabido. A pura luz cria texturas, não formas. Podemos buscar em Grotowski a ideia de transluminação:

> O ator se entrega totalmente em oferenda. Esta é uma técnica de transe e de integração de todas as energias físicas e psíquicas do ator e que emerge das camadas mais íntimas de seu ser e de seu instinto, brotando em uma espécie de transluminação.[22]

Justamente por não abdicar do processo de treinamento ao longo de sua carreira produtiva, o intérprete-representante está de maneira

---

21 A.G. Cunha, *Dicionário Etimológico da Língua Portuguesa,* p. 550.
22 Op. Cit., p. 16.

perene exercitando seus limites e, na medida do possível, tentando ampliá-los. A perpétua atividade de treinamento e a instituição episódica de ensaios implicam um condicionamento tal que a disciplina e a vontade fundem-se no performer. Para tanto é preciso esforçar-se.

O performer no exercício pleno de sua atividade artística, criando de maneira autônoma e integrada, comporta-se como intérprete-representante. Creio ser nessa categoria que performers, atores e atrizes almejem idealmente se alojar. O intérprete-representante não é apenas uma condição adquirida pelo constante exercício da profissão, mas também uma atitude frente ao fazer artístico, atitude que deve surgir espontaneamente da tenaz insatisfação do artista-criador.

Preparando o Performer

O treinamento é perene. Uma vez escolhido o palco como ofício e sendo de fato essa opção uma escolha de vida, o treinamento não pode ser uma atividade episódica. Os ensaios e as apresentações, apesar de fazerem parte da vida artística do performer, não são uma constante, uma vez que mudam as peças a serem ensaiadas, mudam os estilos, os companheiros e os locais de atuação. Entretanto, os desafios que se impõem ao performer permanecem fundamentalmente os mesmos desde sempre.

Dominar seu instrumental de trabalho, estar em comunhão com seus companheiros de cena durante o espetáculo[23], fazer-se compreender e acreditar em uma audiência, que na maioria das vezes lhe é completamente desconhecida, são as atribuições básicas impostas aos performers. Para tanto é necessário estar

23 Segundo C. Stanislávski: "Se os atores realmente querem prender a atenção de um grande público, devem esforçar-se ao máximo para manter, entre si, uma troca incessante de sentimentos, pensamentos e ações e o material interior para essa troca deve ser suficientemente interessante para manter os espectadores atentos e interessados." *Manual do Ator*, p. 50-51.

RESISTÊNCIA & ILUMINAÇÃO

preparado e ter a todo instante o instrumento, a *machina* afinada, para garantir que a coisa representada seja mais ou menos convincente aos olhos – usualmente generosos – de seu público. O treinamento é cumulativo. Ou seja: um novo aprendizado não implica na automática anulação dos demais. O treinamento, assim como a arte teatral, não apenas suporta, mas se nutre de paradoxos, de conflitos irremediáveis. Uma vez iniciado na prática de uma determinada técnica codificada, o performer passa, mesmo que inconscientemente, a valer-se dela. O conhecimento tácito adquirido a partir de um determinado tipo de treinamento ao qual o performer foi exposto se propaga por suas realizações, pois seu corpo foi transformado, moldado (ainda que em dimensões aparentemente imperceptíveis).

Uma vez tendo apreendido os princípios de uma determinada tecnologia de treinamento, o performer não conseguirá livrar-se dela, ainda que mergulhando no aprendizado de um novo sistema. O treinamento impregna o performer, enfronha-se sob a pele, esconde-se no espírito do artista de teatro. O acumulo de técnicas em um performer possibilita que ele as utilize ao sabor de sua conveniência, como as cores que se mesclam na palheta de um pintor. No caso, a mistura não resulta em confusão, mas em estilo.

A unidade mínima do treinamento é o exercício. O treinamento se compõe de ações unitárias, que podem ou não fazer parte de uma determinada sequência. Essas ações não são dotadas de um caráter espetacular e sua intenção não é a fruição do outro, mas a evolução pessoal do performer.

O exercício surge para suprir necessidades específicas. Entretanto, essa aparição não é aleatória. Quando o performer treina, deve ter muito claramente estabelecido qual a funcionalidade do trabalho a empreender. Aquele que propõe um treinamento (geralmente o encenador ou o preparador corporal) deve também perceber quais são as imediatas carências de seu pessoal. Os mecanismos que possibilitam tal percepção são vários e aquele que propõe tais estímulos e conduz processos de criação cênica elabora um aspecto outro da criação formal em teatro. Ao elaborar-se um exercício e aplicá-lo, dá-se um presente. Uma categoria de anterioridade, com implicações estéticas evidentes, emerge dos caminhos de treinamento de cada processo.

Portanto, cada atividade proposta deve ser minuciosamente elaborada, pois, como esclarece Barba, "um exercício é uma ação que se aprende e repete após tê-la escolhido com objetivos muito precisos em mente"[24]. Ao executar a sua arte o performer deve conhecer profundamente os meios para fazê-lo. Conquistar tais meios para a mestria nesse ofício requer esforço extremado, pois os mais diversos campos da experiência humana são exigidos. Para que suas ações em cena sejam límpidas e acessíveis a audiência, o performer deve estar pronto para empreender tarefas extenuantes tanto física como psicologicamente. O que nos conduz a uma bela imagem: para que o fruto de suas ações possa resplandecer, é necessário que o performer de teatro seja um ser de grande resistência.

Resistência é fundamental para que os obstáculos sejam vencidos. Pois, como ser consciente de suas ações, se não explorando tudo "aquilo que se opõe à ação da personagem, dificulta seus projetos, contraria seus desejos"[25]? Mais do que ninguém, os próprios performers podem afirmar que essa é uma profissão extenuante física e mentalmente. A rotina de trabalho do performer é por força de princípio custosa, qualquer que seja o momento de treinamento, ensaios ou apresentações. Não apenas o teatro, mas a arte fornece o malho onde a têmpera do artista é testada e pode, não sem enormes custos, ser aprimorada.

O treinamento propicia o surgimento de habilidades que julgo serem necessárias o performer dominar, pois elas são determinantes na execução de suas atividades. O treinamento e a rotina de atividades não têm como preocupação sua exibição fora do ambiente de trabalho. Durante esse período, o performer não se preocupa com formas observáveis: "Essa fase não tem função espetacular, não visa ser mostrada."[26]

---

24 E. Barba; N. Savarese, *The Secret Art of the Performer*, p. 245. Traduzido para o português como *A Arte Secreta do Ator*, o título original me parece mais instigante em relação à terminologia empregada.

25 P. Pavis, *Dicionário de Teatro*, p. 266.

26 L.O. Burnier, *A Arte de Ator*, p. 26.

RESISTÊNCIA & ILUMINAÇÃO

O performer consubstancia o artista, o instrumento e o objeto de arte em um só indivíduo, ainda que com suas múltiplas personalidades. E as habilidades que o treinamento deve despertar estão em eterna mutação e serão perpetuamente motivo de investigação de diferentes domínios do saber. Para tanto, é fundamental que o artista trabalhe sobre si mesmo, aprimore seus mecanismos, refine-se. Apesar de a metáfora "ferramental" estar em desuso, advogo seu uso, principalmente pela característica pedagógica aí contida.

O performer, esse amálgama *mutatis mutandi*, para aperfeiçoar seu autocontrole, não pode abdicar de uma perene rotina de treinamento. O prejuízo por desprezar o investimento em suas aptidões seria a estagnação (ou a perda) do controle de seu mais poderoso aliado: ele próprio. As habilidades a que me refiro constroem o domínio de seu corpo (músculos, ritmo, olhos, voz etc.), de sua mente, psique ou mundo interior – como preferirem – e de sua disposição a um trabalho coletivo.

Parto do entendimento, já amplamente demonstrado no teatro dramático e, mais ainda, no pós-dramático e no performativo, que mesmo utilizando um amplo espectro de treinamentos distintos, ou talvez exatamente por isso, podemos construir espetáculos onde tais elementos diversos criam um conjunto de apreciável harmonia estética. Tal premissa já foi bastante observada a partir da década de 1960 na obra de diversos encenadores. Podemos tomar como exemplo o espetáculo US (1968) de Peter Brook[27] e sua colaboração com Jerzy Grotowski. Mas o maior impacto da fusão de treinamentos distintos talvez tenha acontecido muito antes. Stanislávski, com seu colaborador Leopold Sulerzhitsky[28], já nas primeiras décadas do século XX treinava os membros do estúdio Teatro de Arte de Moscou com exercícios físicos apreendidos com admiradores de Tolstói[29]. Esses

---

···

27 Nascido em 1925, Peter Brook foi diretor de teatro e cineasta inglês e publicou vários livros sobre teatro. Seus espetáculos transformaram as artes cênicas no século XX.
28 Leopold Antonovich Sulerzhitsky (1872-1916), diretor e professor russo.
29 Leon ou Liev Tolstói (1862-1910), autor russo de clássicos como *Anna Karenina* e *Guerra e Paz*.

28

exercícios provenientes do Oriente eram chamados de "ioga". Pouco depois, e sem que exista diretamente ligação entre os dois eventos, Coupeau[30] introduz aos seus alunos da École du Vieux-Colombier o teatro oriental e seus meios de preparação.

O performer constrói seu treinamento em relação ao conjunto tecnológico ao qual possui acesso. O treinamento deve tender à pessoalidade. Cada pessoa é um universo em separado. Cada corpo, cada experiência vivida, cada novo saber nos identifica e nos faz diferentes. Assim, cada performer necessita de exercícios que respondam a uma especificidade absolutamente singular. O termo é intrapessoalidade: a capacidade de compreender-se e antecipar suas próprias reações.

O performer desenvolve ao longo de sua vida profissional um arsenal de técnicas que amplificam sua capacidade de realização artística. Creio que ao amealhar recursos que incrementem seu instrumental de trabalho, o performer evolui em uma suposta consciência cênica. Essa é uma evolução particular, uma vez que qualquer tentativa de auferi-la esbarra no próprio entendimento que o performer possui sobre suas competências. Já o encenador, como uma espécie de catalisador das fusões artísticas que irão ocorrer entre os membros do elenco (e outros participantes da criação), deve estimular o grupo de trabalho no sentido de confeccionar um treinamento que seja também grupal e processual. Aqui me refiro às trocas de estímulos que são fundamentais à ocorrência da encenação, o que, em ensaios, chamo segundo jogo.

O treinamento é grupal, portanto deve se estender a todos, o que não significa que engaje simultaneamente as mesmas pessoas nas mesmas atividades. Embora creia que o melhor caminho seja estabelecer exercícios recorrentes e que aglutinem todos, quando for o caso. Uma das advertências é para que não se confunda treinamento com alguma preparação específica, como arte marcial ou equivalente, que vá ser empregada em composição cênica

•••

30 Jacques Copeau (1879-1987), fundador do Théâtre du Vieux-Colombier e professor de Etienne Decroux, Louis Jouvet, Charles Dullin, entre outros.

específica. Pois não se trata de alguma habilidade que deva ser apreendida para a solução de algum problema cênico peculiar. O treinamento – o que evidentemente não exclui o aprendizado de qualquer técnica físico-corporal, como uma arte marcial, forma de dança ou um exercício físico de ordem diversa – deve ser abrangente e incorporar de alguma forma todos os membros de um *ensemble* (conjunto). Ele deve ser uma ferramenta que estimula a formação de uma atmosfera criativa de trabalho e forja sentimentos de confiança e cumplicidade entre as pessoas.

Bases ficcionais podem funcionar como panos de fundo para as criações do performer e a sua composição pode valer-se de circunstâncias extraídas de fábulas com tramas mais ou menos complexas. Entretanto, o treinamento diz respeito ao criador, não à criatura; sendo assim, o que for criado nessa fase do trabalho do performer não tem função formal, mas sim processual. O treinamento está unicamente no *métron* do performer para que ele se reconheça como artífice de sua arte, e não para sua exposição à audiência. Ao treinar, o artista torna-se por indução mais cônscio de suas habilidades, aprendendo mais sobre si e sobre aqueles que o cercam.

Para o performer, participar da construção de um espetáculo é como criar uma espécie de *palimpsesto*[31] autobiográfico.

Barba e Savarese citam cinco funções para o treinamento, que foram apontadas por Richard Schechner:

> Deixe-me agora resumir essas cinco funções de treinamento: 1. Interpretação de um texto dramático; 2. transmissão de um texto de representação; 3. transmissão de segredos; 4. autoexpressão; 5. Formação de grupo.[32]

...

31 Os antigos egípcios reciclavam seus papiros (preciosa ferramenta à disposição da casta administrativa). Também durante a Idade Média manuscritos podiam ter suas superfícies raspadas para dar lugar a novos textos. Avanços na física e na química propiciaram a possibilidade de recuperação dos textos precedentes nesses materiais, mas mesmo a "olho nu" podemos, em algum deles, entrever trechos das antigas inscrições. O termo deriva do grego e significa "raspado novamente".
32 Op. cit., p. 248.

Em análise do material de Schechner, Armando Sérgio Silva ressalva que essas funções nem sempre ocorreriam em separado. Arrisco propor que tais funções devam concorrer simultaneamente para a constituição do artista-criador. Ainda em sua análise, Armando Sérgio deixa de lado a terceira e a quinta função, pois elas "partem de pressupostos éticos e ideológicos muito particulares e não se adaptam à universidade, pelo menos na situação em que ela hoje se encontra estruturada". E então acrescenta que as três funções restantes "não são excludentes, mas complementares, ou relacionam-se com as opções estéticas dos atores ou dos encenadores"[33].

Muito embora possam existir diferenças entre os tipos de treinamento que levariam a realização de cada uma dessas funções, tenho como premissa que o treinamento deve tentar atender a todas. Renato Ferracini exortara que o ator se ocupe somente da representação[34], pois técnicas *inculturadas* e *aculturadas*[35] estabeleceriam uma relação direta com um modo não interpretativo de representação. Penso que o performer não deve menosprezar o processo interpretativo, indo longe o primado da dramaturgia.

A personagem nos relata a sua forma de "contar uma história". Ferracini muito bem pontua que o índice da diferença entre os dois modos de representação (o interpretativo e o não interpretativo) "dá-se na figura do próprio ator e em sua relação com a personagem e o receptor, que no caso é o espectador"[36]. Luís Otávio Burnier esclarece:

> A noção de interpretação também evoca a questão da identificação (de idem = o mesmo) psíquica e emotiva do ator com o personagem. Ao interpretar, o artista pressupõe a existência

...

33 Interpretação: Uma Oficina da Essência, em A.S. Silva (org.), *Cepeca: Umas Oficina de PesquisAtores*, p. 42.
34 *A Arte de Não Interpretar Como Poesia Corpórea do Ator*, p. 48. Entretanto, em uma breve interlocução com autor, o pesquisador e artista do Lume afirma que tal visão foi superada por interações bem mais complexas.
35 Cf. E. Barba; N. Savarese, op. cit., p. 189. Grifo nosso.
36 Op. cit., p. 94.

anterior da *persona*, à qual busca, de acordo com as suas possibilidades, moldar-se, para, em seguida, traduzi-la para o palco. Essa tradução representa para o intérprete seu maior objetivo de trabalho.

E logo em seguida:

> O ator que não interpreta, mas representa, não busca uma personagem já existente, ele constrói uma equivalente, por meio de suas ações físicas. Essa diferença é fundamental. Se pensarmos no sentido da palavra representa, o ator ao representar não é outra pessoa, mas a representa. Em nenhum momento ele deixa de ser ele mesmo.[37]

Não há discordância quanto a essa argumentação, apenas a proposição de uma alternância, um paradoxo, em vez de uma oposição binária autoexcludente. Por que uma coisa ou outra e não uma coisa e outra? Para o efeito catártico é necessária a ambivalência do terror e da piedade, a pulsão que nos aproxima da cena (propiciando a identificação) e nos distância (suscitando a reflexão). O performer pode oscilar em sua busca pela expressão, *a priori* tendo a personagem como um ideal que deva ser atingido, ou como um *devir*, construindo-se e decompondo-se ao longo do processo de ensaios.

Ao (re)contar uma história, fazendo-o também (mas não unicamente) pela oralidade, o performer faz a sua construção pessoal da fábula que compõe o material para a confecção do espetáculo. Tendo feito a sua interpretação, ele a exibirá para que o público possa "ler" o espetáculo. Creio, então, que o performer representa e interpreta simultaneamente, uma vez que essas atividades não excluem uma a outra.[38]

A terceira função trata da transmissão de conhecimentos exclusivos de um determinado grupo e, muitas vezes, de caráter

---

37 Op. cit., p. 23.
38 Opinião corroborada por Armando Sergio, quando ele afirma sua ação pedagógica "através de procedimentos metodológicos, ensinar ao aluno-ator representar, interpretar papéis teatrais". Op. cit., p. 32.

esotérico. Ao pensarmos na cultura contemporânea, nos ocorre que a função oracular dos antigos xamãs talvez esteja a cargo dos artistas. J. Campbell revela essa visão, ao tratar sobre as mitologias ainda operantes na sociedade moderna: "A mitologia lhes ensina [aos jovens] o que está por trás da literatura e das artes, ensina sobre a própria vida".[39]

Quanto à quarta função, Schechner explica que "este gênero de treinamento se especializa em trazer o íntimo para fora"[40] e aponta a presença desse elemento nos trabalhos de Stanislávski e Grotowski. O performer "atravessa o papel", mostrando-se e misturando-se na interpretação do texto escrito. Mais uma vez caberiam as observações anteriores de Burnier sobre o binômio interpretar/representar, porém aqui Stanislávski também tem algo a dizer:

> Afirmo que todos os atores devem lançar mão de caracterizações. Claro está que não devem fazê-lo no sentido das características exteriores, mas sim no das [sic] interiores. [...] Isso não significa que [o ator] deva abrir mão de sua individualidade e personalidade; significa que, em cada papel, ele deve encontrar sua individualidade e personalidade, mas, não obstante, ser diferente em cada um deles. [41]

A quinta função – formação de grupos – é talhada para justificar que se faça um treinamento coletivo, fortalecendo as relações entre os membros de um grupo ou elenco. Essa estratégia é sempre funcional. Como já visto, o treinamento tende à pessoalidade e cada indivíduo, com o devido tempo, incorpora padrões que mais o satisfaçam. O treinamento, porém, é um aglutinador de objetivos – com ele podemos galvanizar a concentração da equipe, catalisar e intensificar processos de interação. Assim, sua função integrativa é uma ferramenta da qual se pode e se deve valer.

39 *O Poder do Mito*, p. 12.
40 Apud E. Barba; N. Savarese, op. cit., p. 247.
41 Op. cit., p. 41.

Ao treinar conjuntamente, o grupo estreita a relação entre seus membros, criando uma "personalidade coletiva" própria, que agrega as multíplices individualidades – algo como um superorganismo dotado de caráter próprio, que estabelece uma determinada cumplicidade entre seus membros.

Estando na pele do encenador, sinto sempre que pertenço a outro time: o daqueles que não vão para o palco participar do fenômeno singular que é a apresentação. Creio que essa sensação é natural e acredito que ela expresse parte da natureza do trabalho de criadores da realização cênica.

Divisão do Treinamento

Proponho um modelo esquemático contendo competências para os três campos de habilidades funcionais do treinamento:

1. do corpo;
2. de ampliação das possibilidades autoexpressivas;
3. de relacionamento interpessoal.

As habilidades corporais, autoexpressivas e a facilidade na obtenção de cumplicidade entre os membros de um grupo de trabalho se tornam essenciais no entendimento da formação e aprimoramento do fazer artístico. O performer deve tornar-se expressivo, revelador (de si para si e para outrem) e, concomitantemente, afinado com os demais no palco.

Para que o performer nitente desenvolva as qualidades a que me referi no início deste capítulo, resistência e iluminação, proponho um modelo de treinamento a partir das categorias que se seguem, suas divisões e respectivos exercícios. Mas devo admitir que as atividades sumarizadas com o intuito de tecer uma mínima preparação de artistas não serão senão um débil sopro a servir de norte em meio ao onipresente caos da criação artística.

Treinamentos Corporais
1.1 Qualidade de movimento
1.2 Olhar
1.3 Respiratórios e vocais
1.4 Rítmicos
1.5 Técnica codificada

Treinamentos Psicofísicos e Autoexpressivos
2.1 Improvisação
2.2 Contadores de História

Cumplicidade

Descrição de Exercícios de Treinamento

A seguir serão elencadas atividades correspondentes a cada subdivisão do modelo de treinamento proposto. Os exercícios sugeridos podem ser substituídos pelas fontes originais de referência ou por atividades surgidas na criação do performer, ou por quem estiver estimulando/induzindo o processo de treinamento.

Treinamentos Corporais

> [...] nos laboratórios onde 'pesquisa pura' de teatro é realizada – no mundo de Meyerhold, Decroux, Grotowski e Barba – a metáfora do ator como um atleta ganha um novo significado.[42]

Nessa fase, como que fracionado em sua inteireza, o performer percebe e trabalha seu corpo como um objeto que possa ser moldado.

42 T. Leabhart, *Theatre and Sport. Mime Journal*, p. 32.

RESISTÊNCIA & ILUMINAÇÃO

Aqui o aprimoramento da *machina* é a meta. O performer é visto como um ser cindido, fracionado em unidades autônomas. Esta cisão circunstancial é necessária para que ele possa avaliar a sua própria evolução e explorar o trabalho em "setores" bem definidos de seu corpo.

Este é o campo do esporte. A analogia do ator como um esportista é um assunto recorrente. Artaud, Tomaszewski[43] e Decroux[44] visitaram o tema. Na mímica corporal dramática, técnica corporal desenvolvida por Decroux, encontramos uma extensa área dedicada a esse paralelo. Portanto, como não considerar essa metáfora auspiciosa? O performer deve estar pronto para o jogo, saber as regras, ter interesse e dispor dos mais aprimorados meios para jogá-lo.

1.1 Qualidade de Movimento
Sequência Olímpica.

> Página após página de seus esboços, em seu livro, mostra o corpo humano em atividades esportivas [...] cantando, pulando corda, subindo escadas, curvando o corpo como os bebês [...]. Todas estas atividades naturalmente posicionam o corpo na Curva "C".[45]

A Sequência Olímpica consiste em uma série de cinco figuras. Cada uma corresponde a um princípio corporal diverso. Esse trabalho físico é livremente inspirado na obra de Etienne Decroux. São propostos quatro contrapesos fundamentais à movimentação e transferência de forças: Cair Sobre a Cabeça, Cardauze, Supressão do Suporte e Sisson[46]. Podemos encontrá-los respectivamente nas

...

43 Henrik Tomaszewski (1919-2001), diretor de teatro polonês especializado em mímica.
44 Etienne Decroux (1898-1991), ator francês, mestre criador da Mímica Corporal Dramática.
45 T. Leabhart, op. cit., p. 34.
46 Conforme Corine Soum e Steve Wasson, da École Internationale de Mime Corporel Dramatique, criada em Bris e hoje estabelecida nos EUA.

figuras do Disco, Dardo, Martelo e Arco. A última das figuras, a Maratona, é dedicada ao deslocamento e à transferência de peso.

Em um primeiro momento, cada uma das figuras dessa sequência deve ser aprendida como uma coreografia de movimentos absolutamente precisa. Após ter sido assimilada, o performer deve criar sua própria variação pessoal do exercício, que pode ser singular e responder as necessidades intrínsecas de seu criador. A imitação da sequência, tal como é proposta, é fundamental para que o performer perceba os fundamentos ali dispostos. Não existe contradição na proposta de uma sequência, que deve ser refeita perfeitamente. O ideário de que o treinamento é em essência particular, uma vez que "é natural alguém começar repetindo algo que não possui, que não pertence à sua própria história nem surge de sua própria pesquisa. Essa repetição é um ponto de partida que permite que o performer faça sua própria viagem".[47]

Disco

O ator João Otávio apresenta a figura do *Disco*. Fotos: Rebeca Ukstin

Um disco, firmemente seguro entre os dedos, é lançado à maior distância possível. A consciência dos ângulos é fundamental à realização.

---

47 E. Barba; N. Savarese, op. cit., p. 246.

Dardo

A atriz Camila Turim demonstra essa figura. Fotos: Rebeca Ukstin.

O dardo trabalha com linhas expressivas e equilíbrio precário, ou de *luxo*, descritos por Barba e Decroux.

Martelo

O martelo é demonstrado pelo ator Marcos Berman. Fotos: Rebeca Ukstin.

O martelo se concentra sobre o trabalho respiratório.

Arco

O arco é demonstrado nesta sequência pela atriz Angélica Di Paula. Fotos: Rebeca Ukstin.

O arco começa com a posição chamada subzero[48]. O movimento evolui para a posição de nome zero. Essa evolução é feita através de um desdobrar-se, que Decroux batizou de "coelho", pois é como se um coelho fosse puxado pelas orelhas. A figura do Arco trabalha com uma forma de movimento muito presente nas proposições de Decroux: as Curvas C[49].

---

48 Nomenclatura de Etienne Decroux.
49 Segundo T. Leabhart, a denominação dada por Decroux para as curvas "C" provém de Arthur Lessac. Op. cit., p. 34.

Maratona

A maratona é demonstrada nesta sequência pela atriz Milena Filócomo. Fotos: Adriano Cypriano.

Nesta figura são empregadas várias formas de deslocamentos e marchas, com ênfase no controle do peso ao caminhar. Todos os contrapesos e dinamoritmos[50] empregados nas quatro figuras precedentes serão utilizados na maratona, que funciona como uma síntese poética dos demais exercícios, devendo ser o último a ser aprendido.

...
50 Conceito de Decroux correspondente às dinâmicas do ritmo, ou como nas palavras de L.O. Burnier: "as causalidades motoras, que são, [...], a musicalidade e a densidade das ações." Op. cit., p. 81.

40

1.2 Exercícios de Olhar

MÁSCARA QUENTE E FRIO

É pedido a um dos participantes que saia da sala, ou tape os olhos, enquanto outro esconde um objeto previamente acordado entre ambos. Após esconder o objeto, o ator esconde também seu rosto, ficando apenas com o olhar a descoberto – o que pode ser feito com uma máscara neutra, tecido ou pedaço de papel. O ator que havia saído, ou tapado os olhos, retorna e por meio de perguntas – nunca diretas, como "onde está a tal coisa?" – tenta descobrir o esconderijo. O ator que tem seu rosto tapado tenta responder através de "sins" e "nãos" dados apenas por seus olhos. O ator que responde com os olhos deve estar atento para a formação de possíveis padrões (como fixar os olhos em um mesmo ponto) em suas respostas mais eficazes. Quando isso ocorrer, ele deve transformar sua maneira de "responder", mantendo a lembrança dessa forma eficaz e voltando a ela, o padrão funcional, algumas vezes a fim de revalidar sua eficácia. Após algumas sessões, os atores terão repertórios recorrentes de respostas afirmativas e negativas com maior e menor ênfase e sentido.

KATHAKALI

Esse exercício é baseado em uma atividade semelhante, originária da forma teatral indiana que lhe dá nome. São ensinados dois *mudras*[51] aos atores – cada uma das mãos realiza um deles. O olhar entre as mãos deve ser o mais "aberto" possível. Para isso, as pálpebras devem estar bem separadas – quando estiver fixo em alguma das mãos, o olhar deve ser "fechado", fechando-se as pálpebras. Com um rápido movimento, o olhar deve transitar do centro (entre as mãos) para alguma das mãos. Nesse momento, as mãos trocam seus *mudras*. A melhor maneira de combinar o olhar aos *mudras* é encontrando posições bastante diversas de mãos. Ao adicionar-se

···
51 Posição de mão do Kathakali.

um ritmo pode-se criar uma dinâmica que incrementa os resultados do trabalho. Um passo seguinte poderia ser tornar a frequência de mudanças aleatória, o que aumentará o grau de dificuldade de execução do exercício.

1.3 Exercícios Vocais e de Respiração

Aqui são utilizados exercícios compostos por diferentes fontes. Bioenergética, ioga e os ressonadores de Grotowski são combinados para criar os exercícios vocais a seguir.

I. RESPIRAR PELAS NARINAS.
Respirar alternando as narinas a cada ciclo de inspiração e expiração – variar entre as narinas também a inspiração e expiração –, cuidando para não hiperventilar.

2. CHACRAS
Cada participante tenta encontrar uma frequência sonora que corresponda a cada um de seus chacras. Podendo utilizar as mãos para perceber a vibração de cada ponto explorado, o participante é incentivado a perceber mesmo a menor vibração na área pedida durante sua vocalização. Cada um dos chacras deve ser percebido individualmente – ao evocar a forma específica de vocalização de um determinado chacra, deve-se estar atento à qualidade do som produzido e seu efeito.

Uma variação desse exercício é utilizar notas musicais para cada uma das áreas. Para que se produzam resultados mais efetivos em seus estágios iniciais, podem ser sugeridas imagens que evoquem os efeitos físicos pretendidos, como uma fonte jorrando do cocuruto dos participantes, ao buscar-se a sonoridade do chacra da região.

1.4 Exercícios Rítmicos

Qualquer exercício de percussão, ou mesmo músicas de cadência mais sincopada, pode oferecer o estímulo necessário para esta área.

a. PALMAS ATÉ 10
Estabelece-se uma marcação de tempo através de palmas. Podem ser palmas em dois tempos; uma palma átona + uma palma tônica = 2, ou duas palmas átonas + uma palma tônica = 3. Os números se constroem somando-se os "2" com os "3". Assim, o número sete é feito através da seguinte soma: 2 + 2 +3 = 7. Os números são feitos até 10, mas nada impede que a sequência siga a números maiores. São pedidas posteriormente combinações mais complexas como contar de trás para frente, ou seguir uma partitura de números aleatórios.

b. MALABARES
Com a finalidade de incrementar a percepção rítmica, além da inteligência cinética, exercícios de *juggling,* principalmente com bolinhas, são recomendados.

1.5 Técnica Codificada

O neófito, em algum ponto de sua passagem inicial, terá a necessidade irrevogável do amparo de um mestre. Trata-se aqui de qualquer que seja a forma técnica teatral codificada, ocidental ou oriental, como *Commedia dell'Arte*; mímica corporal dramática, kathakali, nô etc.

Treinamentos Psicofísicos e Autoexpressivos

O treinamento aqui serve como uma arma de exploração para o performer ampliar seus limites, encontrando nele mesmo o material que incremente sua capacidade de "tocar" seus espectadores. O treinamento psicofísico tem como objetivo preparar o performer para ação dentro de situações extracotidianas. Os jogos utilizados nessa parte do treinamento nasceram dos trabalhos de Desmond Jones e Keith Johnstone. A breve exposição de alguns procedimentos apenas exemplifica sua operacionalização prática.

Estudos de cena tendo por base conceitos do sistema Stanislávski podem ser utilizados para as atividades aqui propostas. Ainda nessa área, podemos usar o treinamento em primeira e terceira pessoas a partir de fundamentos de Evgeni Vakhtângov e de Mikhail Chekhov.

2.1 – Improvisações

a. 3 UNIDADES
Estabelecer um lugar, em alguma data ou horário específico, e quem serão os envolvidos na cena. Todos os elementos anteriores devem ficar claros na cena.

b. BRITADEIRA
Os participantes da improvisação possuem algum objetivo, mas estão em um lugar em obras. Uma britadeira funcionando a todo vapor impede que as pessoas conversem normalmente. É pedido aos improvisadores que não emitam som ao falarem. Todo o diálogo deve ser sustentado pela expressividade corporal dos participantes.

2.2 Contadores de História

De frente para os outros, um dos participantes conta uma história combinada para todos, como *Chapeuzinho Vermelho*. Os ouvintes mentalmente contam até o número total de participantes (número de ouvintes mais um), acrescentando uma palavra polissilábica, como Mississipi ou Pindamonhangaba, entre os números para que o intervalo seja um pouco maior que um segundo. O contador deve olhar cada um dos ouvintes nos olhos enquanto conta. Ao se sentir realmente olhado nos olhos pelo participante que conta a história, o ouvinte interrompe a contagem e a reinicia. Assim, cada vez que os olhares se cruzarem, o ouvinte deverá reiniciar a contagem. Caso o ouvinte atinja a última sílaba do último número, finalizando a contagem, deverá então levantar sua mão indicando que está fora. Quando certo número de ouvintes tiver saído, o contador deverá ser substituído.

De cumplicidade

Joie de Vivre – O nome desse exercício de cumplicidade é derivado de um extraordinário relato sobre o comportamento de chimpanzés. Originalmente, essa observação foi descrita por Wolfgang Köhler em *The Mentality of Apes*. Transcrevo o relato de Joseph Campbell, porque ele corresponde perfeitamente à descrição do exercício que proponho como treinamento de cumplicidade:

> Tschengo e outro chimpanzé de nome Grande inventaram uma brincadeira de girar e girar feito *dervixes*, que foi imitada por todos os outros. Qualquer jogo a dois era capaz de terminar nessa brincadeira de "pião", que parecia expressar o clímax de uma amistosa *joie de vivre*. A semelhança com a dança humana tornou-se mesmo impressionante quando as voltas eram rápidas ou quando Tschengo, por exemplo, estendia os braços horizontalmente enquanto girava. Tschengo e Chica – cuja atividade preferida durante o ano de 1916 era esse "rodopio" – por vezes combinavam as rotações com um movimento para frente e assim giravam lentamente em volta de seus próprios eixos e pela área que lhes era destinada.
>
> Todo o grupo de chimpanzés, às vezes unia-se em "padrões de movimento" mais elaborados. Por exemplo, dois lutavam e caíam perto de um poste, logo seus movimentos se tornavam

mais regulares e tendiam a descrever um círculo tendo o poste como centro.

Um por um, o resto do grupo aproxima-se, junta-se aos dois e, finalmente, marcham todos de maneira ordenada em volta do poste. O caráter de seus movimentos muda; eles não andam mais, trotam, e como regra, dando ênfase especial a um pé, enquanto o outro pisa levemente, desenvolvendo assim algo próximo de um ritmo e tendendo a manter o compasso entre si.[52]

É pedido ao grupo que ao redor de um eixo central – no qual pode ser usado fogo para potencializar o efeito –, cada um descreva circunvoluções rodando sobre o próprio eixo, enquanto marca o ritmo de seus movimentos usando os pés, as mãos ou a voz.

---

52 *As Máscaras de Deus*, v. 1, p. 292.

2.

Quatro Animais Fabulosos

Antes de tudo, convém explicar do que se trata o material a seguir. Aqui é oferecido um conjunto de atividades práticas e reflexivas voltadas para a composição cênica. Esse conjunto é organizado, como por assim dizer, ao redor de uma conjunção alegórica, o objetivo de organizar metodologicamente fontes de estímulo para a criação. Um amálgama de metáforas disposto em um modelo gráfico que se assemelha a uma mandala.

O modelo gráfico organiza princípios binários, ternários e quaternários e pretende problematizar a composição cênica de modo a torná-la mais densa e eficaz quanto a sua forma e intenção.

A estrutura proposta pelos quatro animais fabulosos assenta-se sobre duas fontes distintas de inspiração. O primeiro paradigma diz respeito aos temperamentos humanos de origem pré-socrática. A segunda fonte deriva do trabalho de C. G. Jung ao designar seus tipos psicológicos.

Modelo Gráfico dos Quatro Animais Fabulosos

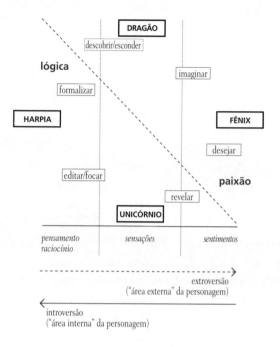

> *Observemos o primeiro sonho de um Deus que, na verdade, é constituído por quatro deuses, que vêm de "quatro cantos".*[1]

Os tipos humanos segundo seu temperamento:

1. **Fleumático**. Ligado ao intelecto, o fleumático representa aqueles que enfrentam as situações através de soluções racionais. Podemos atribuir-lhe como característica de seu caráter uma grande dose de impassibilidade e controle das emoções[2].
2. **Melancólico**. Como o próprio nome indica, estamos diante de um tipo sorumbático. O termo deriva da aglutinação das

---

1 C.G. Jung, *O Homem e Seus Símbolos*, p. 73
2 A. G. Cunha, *Dicionário Etimológico da Língua Portuguesa*, p. 361.

palavras gregas *melam* (negro) + *cholê* (bílis)[3]. Uma personalidade propensa a perceber o lado ruim das coisas. Indica seres mergulhados unicamente em avaliações subjetivas da realidade.

3. Sanguíneo. Esse é o tipo voluntarioso, o prático, a pessoa de ação. O sangue lhe vai às faces[4] de excitação diante dos problemas, aos quais rapidamente deseja resolver. O instinto o guia, podendo andar às cegas por um labirinto e rapidamente encontrar a saída ou, quase irremediavelmente, perder-se.

4. Irascível. O explosivo. O apaixonado. O irascível está constantemente mergulhado em emoções que lhe raptam os sentidos. Seu órgão é o fígado, o qual o fogo queima. Esse é nosso prometeu, agrilhoado à suas paixões e dores.

Cada um desses temperamentos corresponderia a um dos quatro elementos formadores da matéria: ar, água, terra e fogo. A categorização dos indivíduos segundo seu caráter, ou pendor natural, deriva da doutrina grega de uma suposta ordem quaternária da natureza[5] – dessa maneira, o corpo humano também seria composto por quatro fluídos essenciais: ar, água, bílis clara e bílis escura. A predominância de um desses elementos moldaria o temperamento do indivíduo e sua maneira de lidar com os fenômenos ao seu redor. Tal ordem prevaleceu ao longo dos tempos e foi seriamente estudada pelos humanistas clássicos e seus continuadores[6]. Mesmo Jung, do qual emprestamos o segundo modelo de base, antes de propor a sua tipologia própria, detêm-se em uma análise desses tipos. O gráfico abaixo ilustra como entendo essa relação:

---

3 Cf. J. Chevalier; A. Gheerbrant, *Dicionário de Símbolos*, p. 510.
4 Existem estudos que fazem uma eventual interpretação em termos de aparência física dos temperamentos. Tais estudos carecem de apreciação científica mais apurada, assim não são aqui avaliados. Vale observar que Jung igualmente recusava discutir a questão.
5 Cf. J. Chevalier; A. Gheerbrant, op. cit., p. 362.
6 Ainda recentemente podemos encontrar publicações que partem dessa classificação para lançar conjecturas comportamentais.

ELEMENTOS	TIPO JUNGUIANO	CAMPO DE MANIFESTAÇÃO
Fogo	Intuitivo	Espiritual
Ar	Pensamento	Mental
Água	Sentimento	Emocional
Terra	Sensação	Físico

Funções de Adaptação Determinantes
dos Tipos Junguianos:

Os tipos psicológicos de Jung surgem a partir de sua definição como função inferior (*minderwertige Funktion*) para adaptação:

> Por função inferior entendo aquela função que fica para trás no processo de diferenciação. Conforme a experiência mostra, é praticamente impossível – pela adversidade das condições em geral – que alguém consiga desenvolver ao mesmo tempo todas as suas funções psicológicas. Já as próprias exigências sociais fazem com que a pessoa, antes de tudo e de forma muito intensa, diferencie mais fortemente aquela função que, por força da natureza, mais lhe condiz, ou aquela que lhe fornece o instrumento mais eficaz para atingir o sucesso social. Muito frequentemente, quase sempre, acabamos por nos identificar, de modo mais ou menos completo, com a função mais favorecida e, daí, mais desenvolvida. É a partir disso que surgem os *tipos* psicológicos.[7]

---

[7] C.G. Jung apud H. Hark (org.), *Léxico dos Conceitos Junguianos Fundamentais*, p. 56-57.

QUATRO ANIMAIS FABULOSOS 53

Segundo H. Hark, a partir da definição dessas funções, Jung distingue a existência de

> dois tipos de atitude (extrovertida e introvertida), que são dadas por predisposição [...] Os tipos de atitude determinam fundamentalmente nossa maneira de agir, de pensar, e conduzem nossas energias (libido), bem como a orientação de nossa vida, voltando-se ou para a realidade e para os objetos exteriores (extroversão), ou para a situação subjetiva interior (introversão).[8]

Essas atitudes estão postas na base do Modelo Gráfico, indicando a relação sujeito x objeto. Porém, é cabível lembrar que essas atitudes também diferem quanto à consciência e, evidente, o inconsciente:

> Se a consciência de uma pessoa é orientada, por exemplo, de modo extrovertido, o inconsciente se comporta de modo compensatório, ou seja, é introvertido. No caso das pessoas introvertidas, o comportamento é, obviamente, o inverso. Ao longo de sua vida, particularmente a partir da meia-idade, toda pessoa deveria desenvolver a parcela compensatória de seu inconsciente, de modo a atingir sua completude.[9]

As quatro funções apresentadas distinguem-se em duas classes: as racionais e as irracionais. Assim temos: sentimento & pensamento como funções racionais e sensação & intuição como irracionais. Uma analogia é a oposição que Stanislávski opõe entre essas duas pulsões na construção da personagem: lógica x paixão[10]. Essa oscilação é percebida internamente no Modelo Gráfico dos Quatro Animais Fabulosos.

...

8 Op. cit., p. 219.
9 Ibidem.
10 "Se vocês não aderirem estritamente a um padrão absoluto de lógica e continuidade, correrão o risco de exprimir paixões, imagens e ações de forma 'generalizada'." *Manual do Ator*, p. 122.

Dragão

O simbolismo aplicado ao dragão é multíplice e antagônico, dependendo das culturas de referência. Tanto pode ser apreendido como um ser benfazejo como pode simbolizar uma potência maligna. Entre esses dois polos há uma enorme gama de significados. Podemos perceber que por sua configuração "física como símbolo demoníaco, o dragão se identifica com a serpente [...] o dragão nos parece essencialmente como um guardião severo ou como um símbolo do mal e das tendências demoníacas"[11].

O que é recorrente, entretanto, é que no Ocidente como no Oriente, este animal fabuloso é visto como um guardião[12]. O caráter ambivalente desse ser fabuloso é expresso na mitologia pela figura dos dois dragões que se afrontam. Esse tema foi amplamente explorado na Idade Média através da *Saga Arturiana*, com a visita poética de T. S. Eliot e do texto *Merlin de Tankred Dorst*. Esse duplo do dragão também é encontrado na religião principalmente no hermetismo europeu e muçulmano.

Para fins de utilização prática, vale pensar no dragão como a personalidade visível "das forças ocultas e contidas, das duas faces de um ser velado".[13] Existe uma associação da baleia que engole Jonas com a figura do dragão[14]. Esta associação perfaz o que creio ser a melhor alegoria da relação performer-personagem, pois a imagem mítica associativa é a do herói – figura solar e ascensional – levado para as profundezas abissais, engolido pelo monstro e longe da luz. O monstro deve deixar de existir para que o herói volte a resplandecer e retorne do país dos mortos para onde foi levado. A interpretação

...

11 J. Chevalier; A. Gheerbrant, op. cit., p. 349.
12 Ibidem. "No Ocidente, o dragão guarda o Tosão de Ouro e o Jardim das Hespérides; na China num conto da dinastia T'ang, guarda a Pérola. A lenda de Siegfried confirma que o tesouro guardado pelo dragão é a imortalidade".
13 Ibidem.
14 Ibidem, p. 351: "É lícito ligar a imagem da baleia que vomita Jonas à simbólica [sic] do dragão, monstro que engole e vomita a sua presa, depois a ter transfigurado".

O Dragão, gravura de Tiago Fernandes.

junguiana da marcha solar do crepúsculo à alvorada equivale a esse herói engolido e levado para seu exílio marinho; o sol levantando--se à leste impõe-se de maneira recorrente e com raras exceções como imagem arquetípica de renascimento e volta à existência e às funções familiares e sociais. A vitória contra o dragão, e a subsequente fuga da escuridão, pode ser interpretada em termos de superação das tendências regressivas; o mergulho nas águas do inconsciente e o retorno do herói ao convívio alegoriza a elevação sobre a porção inconsciente da personalidade. O dragão guarda um tesouro – usualmente uma joia de valor incalculável – o herói é aquele que tem o poder de vencê-lo e assim poder reclamar esse tesouro. Para as pessoas comuns o lado sombrio da personalidade se mantém inconsciente, mas o herói deve afastar as trevas. Ao dar-se conta da existência de sua sombra, se quiser superar seu lado negativo e avançar rumo à iluminação, é fundamental que extraia potência de sua área oculta e possa usá-la para a contenda com o monstro. Ou seja: "O herói, ao contrário, deve dar-se conta de que a sombra existe e que ele pode tirar forças dela. Tem de compor-se com as potências destrutivas se quiser tornar-se suficientemente forte para medir-se com o dragão e vencê-lo. Em outras palavras, o Ego só pode triunfar depois de ter dominado e assimilado a sombra."[15]

Pode-se tratar a confecção de imagens teatrais como uma breve jornada do herói. Assim, a luta contra o dragão possibilita o acesso aos segredos por ele ocultos. De qualquer maneira, para efeitos práticos de aplicabilidade dos exercícios dos quatro animais fabulosos, deixamos a posição do dragão como aquela em que a forma exterior da personagem é menos importante do que a relação que tal imagem estabelece com o performer. Sendo assim, o dragão é um caminho de criação que conduz ao perpétuo diálogo do criador com sua obra. As potências escondidas precisam vir à luz – mesmo que isso implique em dor.

15 J.L. Henderson apud J. Chevalier; A. Gheerbrant, op. cit., p 351.

Ao seguirem-se os procedimentos do dragão, o performer não se preocupa diretamente com o andar, a posição das mãos ou qualquer outro traço imediatamente exteriormente reconhecível. Aqui o jogo encontra-se em um nível que supomos intermediário, *in media res*, entre o que o espectador poderá ver e aquilo que será apenas apreendido sem que haja uma inequívoca denúncia corporal. Pode--se dizer que essa personagem prima pelo estabelecimento de um segundo plano stanislavskiano:

> Para Nemiróvich-Dánchenko, o segundo plano é um equipamento interno, espiritual do ser humano/personagem com que se chega à obra. Composto por todos os conjuntos de impressões vitais da personagem, de todas as circunstâncias de seu destino pessoal, abarca todas as gradações de suas sensações, percepções, ideias e sentimentos.[16]

O dragão não nega a exposição formal de processos internos de criação, porém, o foco de atenção do performer não é posto nessa exposição, que surgirá como decorrência do processo. O performer concentra seu trabalho nas relações de semelhança e desigualdade entre ele próprio e a personagem. Trata-se da identificação e do distanciamento pessoais em relação aos valores morais e de conduta. Através do entrechoque de "personalidades" emerge o material para composição. A criação aqui acontece por um tipo de fricção.

Para que o performer possa seguir o caminho do dragão, é necessário que primeiramente ele se disponha a uma batalha pessoal. Não em termos de transcendência espiritual, mas de checagem e questionamento de atitudes, posturas de vida e compromissos éticos do artista-criador em relação à sua obra e ao seu público. A trilha do dragão implica em um acordo de boa-fé com as intenções da realização. Ao deixar de agir de acordo com o que acredita, o performer inevitavelmente perde o sentido do emblema do dragão.

■■■

16 M. Knébel, *El Último Stanislavsky*, p. 95.

O dragão incide sobre o exterior das imagens cênicas através da formalização gestual. Uma vez compreendidas as forças que, ocultas, operam seu embate particular, o performer deve adequar uma determinada lógica que guiará seus esforços. A personagem criada obedece a padrões que a expliquem visualmente ao espectador; podendo ser mais ou menos evidentes. O que importa ao performer é como tal formalização pode ser operada sem que seja antagônica, no pior sentido da palavra, ao conjunto do espetáculo.

Vemos no Modelo Gráfico que o dragão liga-se a lógica pela via do segredo e da revelação, sendo esses os verbos motivadores (descobrir/esconder) que encontramos como ponte. Um movimento interno de transformação e superação de nada valerá sem que possamos ter acesso a ele; mesmo que seu resultado palpável seja apenas uma pequena fração das perturbações interiores que o motivaram. Mais uma vez, pensamos no conceito de segundo plano de Stanislávski, quando comparada à ponta de um iceberg[17], onde o público apenas pode ver uma pequena porção do todo, mas intui que um estofo de densidade muito superior à mostrada repousa invisível. Nesse ponto, o verbo "formalizar" não tem o significado de realização definitiva, mas de proposições formais observáveis e passíveis de crítica.

Ao aprofundar-se nas questões interiores da personagem, o dragão assume outra função, portanto, seu verbo de designação também muda. O termo que une esse animal de poder ao próximo, que é a Fênix, passa a ser imaginar. Estamos no ponto em que a atenção do performer deve voltar-se à percepção de seus estados sensoriais. O jogo de perguntas e respostas que uma personagem propõe ao performer deve levá-lo a experimentar momentos de autocompreensão.

O performer deve "colocar-se nos sapatos" da personagem, usar o mágico "se"[18]. Não pertence ao dragão o ato de imaginar sentimen-

...

17 Em curso ministrado em 2002, no Teatro Escola Macunaíma, a professora Elena Vassina, da Faculdade de Letras da USP, recorreu várias vezes a essa imagem para caracterizar o conceito citado.

18 Aqui existe uma ligeira diferença em relação ao "mágico *se*" de Stanislávski, pois não é pedido que o performer se transporte às circunstâncias dadas e aja de acordo com

tos gerados por essas ou aquelas situações, mas quais sensações são proporcionadas a cada novo momento. Não interessa saber se a personagem deveria irritar-se em uma determinada cena, mas, se uma vez irritada, ela sente fome. O que levou a personagem a esse estado? E, principalmente, por que sente fome? Qualquer que seja a resposta, ela deve ser encontrada no embate interno do performer com suas necessidades de expressão – necessidades que podem ou não ser despertadas por uma personagem dramática ou literária ou qualquer outra forma de material dramatúrgico.

O papel da imaginação aqui seria de suscitar diferentes possibilidades de enfoques metafóricos às sensações perceptíveis pelo performer durante a realização de uma *protocena*[19].

Harpia

Gênios maus originários da mitologia grega, as harpias eram seres alados, com cabeça de mulher e corpo de serpente, que tinham como função acossar as almas abatidas pelo remorso. São entidades ligadas aos vícios e suas punições – de certa forma, estão ligadas às erínias, porém, estas últimas simbolizam os castigos, enquanto as harpias "figuram as importunações dos vícios e as provocações da maldade"[20]. Segundo a mitologia, as harpias eram três irmãs: Borrasca (Aelo), Voa-Rápido (Ocípete) e Obscura (Celeno) – nomes que evocam as nuvens sombrias e velozes de uma tempestade – e podiam raptar crianças e carregar os mortos.

Como modelo, o interesse pela simbologia da harpia se afigura em sua própria constituição mista. A harpia é formada pela união

...

elas, mas que simplesmente apure sua percepção sobre quais estados psicofísicos essas circunstâncias lhe sugerem.
19 Termo que utilizo em ensaios para caracterizar um esboço, estudo de cena em vias de formalização que, contudo ainda não caracteriza escolhas precisas para o palco.
20 J. Chevalier; A. Gheerbrant, op. cit., p. 484

A Harpia, gravura de Tiago Fernandes.

QUATRO ANIMAIS FABULOSOS

de pedaços de outros seres. A cabeça é humana. O corpo é emprestado das serpentes, as asas são de águias ou abutres. E as garras de leão criam o amálgama que é esse ser. Esse ajuntamento origina uma entidade monstruosa. Para tal tipo de composição, a ideia do monstro parece ser significativa, pois, em latim, "*monstrum* tem um corpo organizado, que apresenta conformação anômala em todas ou em algumas de suas partes. Animal de grandeza desmedida, ser de grandeza extravagante imaginado pela mitologia."[21]

O monstro não é, de modo algum, a projeção material de alguma disfunção psíquica, mas a própria confecção de um "corpo organizado". Algo que representa determinadas necessidades de expressão artística de seu criador.

Reforçando essa indicação, basta lembrar que o termo "monstro" deriva do verbo latino *monstrare* (ato ou efeito de mostrar)[22]. Assim, a significação da harpia acontece em dois campos distintos: o monstruoso, que é visto e sentido pelo público e o efeito, que, segundo a lenda, é causado pelas harpias sobre suas vítimas: a perturbação e a inquietude.

Sobre o primeiro podemos dizer que uma personagem é, sobretudo, uma realização que somente adquire vida no espaço-tempo. Portanto, o expectador apenas pode participar da existência da criação do performer quando ele a expõe em formas reconhecíveis, observáveis. Uma personagem pode ser definida a partir de suas ações e seu gestual. O deslocar-se no espaço, a forma de fazê-lo e o tempo-ritmo[23] empregado – tudo o que se relaciona ao movimento em cena e a possibilidade de leitura visual pelos companheiros de montagem e público – são territórios da harpia.

•••

21 A. G. Cunha, *Dicionário Etimológico da Língua Portuguesa*, p. 531.
22 Ibidem, p. 535.
23 Apesar de brilhantemente trabalhado por Eugênio Kusnet em *Ator e Método*, prefiro a praticidade de Sonia Moore ao definir esse conceito: "A todo evento corresponde um determinado tempo-ritmo". *The Stanislavski System*, p. 40. Sendo o tempo igual à velocidade do evento e o ritmo à variação de sua intensidade. Particularmente, prefiro definir ritmo simplesmente como a duração de tal evento.

O que caracteriza esse procedimento é sua urdidura, que, por um lado, é o ajuntamento de partes alienígenas ao corpo que as hospedará; e que, por outro lado, é uma composição que antecipa um ideal de perfeição através do jogo de (as)simetria de seus fragmentos. "De imagem divina até o Neoclassicismo, o corpo passa a ser exposto no século XIX em toda a sua fragilidade e a se constituir numa poética do fragmento contra as certezas científicas e a tirania da perfeição."[24]

O performer utiliza a harpia como um Zeuxis retratando as mulheres mais belas de Crotona para encontrar um modelo que representasse Helena. Para atingir a beleza que nenhuma mortal poderia ter, Zeuxis escolhe as cinco mais belas da região e, de cada uma, seleciona o que tem de melhor. A intenção da harpia seria:

> Conseguir a suprema perfeição num elemento, depois montá-la no todo. O que o induz a confecção de monstros admiráveis pela beleza: odaliscas com vértebras a mais, heróis com cabeças mal atarraxadas ao ombro.[25]

"Harpias, em grego, significam: as que raptam, as que arrebatam."[26] É a constante possibilidade imaterial desse rapto que importuna os homens, que lhes rouba o alimento dos lábios e arranca-lhes a criança. Talvez umas das maldições de qualquer artista, e do performer em particular, seja tentar forjar, no plano do sensível, formas que apenas podem ser lidas como arremedos de um ideal. É, na verdade, essa preocupação que evita que o material de criação, uma vez formalizado, não estagne e "morra". Em meu entender, a inquietação, a dúvida e o assédio das harpias são uma das maiores molas propulsoras da criação.

Assim, com os dois aspectos fundamentais da harpia estabelecidos, passamos a analisar sua posição no Modelo Gráfico

...

24 J. Coli, O Fascínio de Frankenstein, *Folha de S. Paulo*. São Paulo, 2 jun. 2002, Caderno Mais.
25 Ibidem.
26 J. L. Borges, *O Livro dos Seres Imaginários*, p. 22.

QUATRO ANIMAIS FABULOSOS 63

dos 4 Animais Fabulosos para melhor nos acercarmos de suas consequências.

A harpia assume o verbo motivador formalizar ao aproximar-se da lógica e de seu vizinho, o dragão. A preocupação do performer nesse momento passa a ser perceber como a escolha de modelos e sua utilização ao longo da trajetória da personagem pode amparar eventuais leituras. Quanto à escolha dos exemplos, múltiplas podem ser as fontes de estímulo, mas não se trata da tentativa pura e simples de imitação. O performer pode ter definido um plano traçado *a priori*, ter sua "Helena" em mente e buscar peças que se adéquam ou organizar cada parte em separado para que na adição uma nova organização se apresente.

Um amigo costumava dizer que o que leva o público ao teatro não é a história que vai ser contada, mas a possibilidade de vermos personagens contá-las. Podemos supor uma busca infindável por significações. A arte teatral está fadada a reafirmar sua *raison d'être* através de uma negociação, um escambo criativo entre os participantes.

O performer deve saber que sua edição de imagens para a cena ou sua personagem provoca diferentes efeitos de leitura no público. A este respeito Serguei Eisenstein definiu quatro categorias: métrica, rítmica, tonal e fisiológica (sendo que esta fornece o padrão cíclico desta categorização)[27]. O performer pode encontrar instrumental para sustentar seu poema cênico através da compreensão e da identificação de quem vê através do processo de seleção e escolha das partes de sua criação. Por outro lado, para

...

27 "A primeira, a categoria métrica, é caracterizada por uma vigorosa força motivadora. É capaz de impelir o espectador a reproduzir externamente a ação percebida. Chamei a segunda categoria de rítmica. Também poderia ser chamada de emotivo-primitiva. Aqui o movimento é mais sutilmente calculado, porque apesar de a emoção ser também o resultado do movimento, o movimento não é uma mudança externa meramente primitiva. A terceira categoria – tonal – poderia ser também chamada de emotivo--melódica. Aqui, o movimento que, que já deixou de ser uma simples mudança do segundo caso, passa distintamente para uma vibração emotiva de uma ordem ainda mais alta. A quarta categoria – um fluxo fresco de puro fisiologismo – remete, com mais alto grau de intensidade, à primeira categoria, de novo adquirindo um grau de intensificação pela força direta de motivação." *A Forma do Filme*, p. 82.

revelar sua totalidade, a harpia deve deter-se nas partes. Desencavar dos detalhes a revelação da obra, da grandeza contida em cada um dos fragmentos eleitos para exposição. Para tanto, a pulsão deve ser por focar, revelar os limites, isolar. De certa forma, essa seria uma espécie de área cubista, pois, ao segmentarmos para melhor compreender, criamos a parte pelo todo; o objeto metonímico que vale por si e supõe o restante ausente. Superamos a ideia de simples prótese para cada segmento e, aumentando macroscopicamente a fração escolhida, criamos o todo pela exceção.

Unicórnio

Essa criatura fabulosa é geralmente descrita como um cavalo branco com um chifre em espiral saindo da testa. O unicórnio simboliza a pureza e a virgindade e algumas vezes pode representar a Virgem Maria. Uma das formas de capturá-lo descrita no *Physiologus Graecus* da Idade Média seria pôr-lhe na frente uma virgem com um dos seios desnudo e portando em uma das mãos um espelho, assim a donzela o conduziria ao palácio[28].

O unicórnio medieval é um símbolo de poder. Da mesma forma, ele surge na China durante o reinado Chuen. A origem da lenda desse animal está possivelmente ligada à descoberta de um esqueleto de Elasmotherium, uma espécie ancestral do rinoceronte, que possuía um grande chifre na testa. Como as ossadas de cavalos e rinocerontes guardam grande semelhança, essa associação não é completamente desprovida de sentido.

Entretanto, a simbologia aqui preferida é aquela que classifica o unicórnio através de "seu chifre único no meio da fronte, a flecha

---

28 Conforme a descrição de J.L. Borges: "Como o capturam. Põem-lhe à frente uma virgem e salta ao regaço da virgem e a virgem o abriga com amor e o arrebata ao palácio dos reis." Op. cit., p. 162.

O Unicórnio, gravura de Tiago Fernandes.

espiritual, o raio solar, a espada de Deus, a revelação divina, a penetração do divino na criatura"[29]. Uma vez aí, acreditamos que esse único corno seria a característica definidora dessa besta faulosa, ou como, em uma livre expressão shakespeariana, *o todo do total*:

> Esse chifre único pode simbolizar uma etapa no caminho da diferenciação: da criação biológica (sexualidade) ao desenvolvimento psíquico (unidade assexuada) e à sublimação sexual. O chifre único foi comparado a um pênis frontal, a um falo psíquico: o símbolo da fecundidade espiritual. Ele é, ao mesmo tempo, símbolo da virgindade psíquica. Alquimistas viam no unicórnio uma imagem do hermafrodita, o

[29] J. Chevalier; A. Gheerbrant, op. cit., p. 919.

que parece ser um contrassenso: ao invés de reunir a dupla sexualidade, o unicórnio transcende a sexualidade.[30]

O unicórnio não depende da criação de um corpo diferenciado para ser revelado. Ele é um cavalo com um diferenciador. Seu corno na testa o denuncia. A conspurcação de sua pureza virginal significa a morte para esse ser imaginário[31]. A criatura, que externamente é organizada e indiferenciada de qualquer outro cavalo, ao ter sobre sua fronte esse falo psíquico, torna-se uma singularidade. Esse traço diferenciador, essa ponta de lança que abre a ferida para o mundo interior é a chave para a compreensão dessa alegoria.

Em algumas lendas, a dama encarregada de atrair o unicórnio é Sofia (Xácti), a deusa da sabedoria. O fabulário torna-se revelador: enquanto representante de um desejo difuso, estamos enredados pelo mundo. Na medida em que nos identificamos com o manipulador de marionetes que nos cria e dirige, passamos a ter consciência de nossa identidade – uma consciência paradoxal, pois só nos entendemos como identidade quando percebemo-nos como partes e objetos de um sistema que nos comanda. Então, o ser particular dissolve-se para dar lugar ao Grande Ser.

A personagem, fruto da criação artística, deforma o criador. A cada nova produção de imagens, traços de todos os outros flutuam como escolhas à deriva em nossos oceanos internos. Esses traços, essa memória, são fruto de escolhas que tivemos que realizar. Contingências que estruturam nossas criações e moldam o artista que somos, e continuamente transformam-nos em nós mesmos.

O corno do unicórnio orienta-nos, guia-nos como uma seta de sagitário indicando o rumo a seguir, mas não podemos imaginá-lo apenas como uma função diretiva. O unicórnio não é o superobjetivo[32]; mas podemos perceber que ao definirmos um superobjetivo

...

30 Ibidem.
31 Vale lembrar do uso dessa simbologia feito por Tennessee Williams em *À Margem da Vida*.
32 Conceito de Stanislávski.

QUATRO ANIMAIS FABULOSOS

para a personagem, o escolhemos para nós. Uma real opção artística é, sobretudo, uma opção existencial.

No Modelo Gráfico, o unicórnio (juntamente com o dragão, ao qual é unido por muitas lendas) está situado em um nível intermediário.

> Essa besta fabulosa de origem oriental, ligada ao terceiro olho e ao acesso ao Nirvana, ao retorno até o centro e a unidade, estava totalmente destinada a designar para os herméticos ocidentais o caminho na direção do ouro filosofal – na direção da transmutação interior que se efetua, quando a androginia primordial é reconstruída.[33]

Podemos entender a reconstrução de uma androginia primordial como sendo a união entre opostos, então o unicórnio concilia princípios polares, talvez lhes revelando a natureza idêntica. Na China, o termo para "unicórnio" (*Ki Lin*) significa *yin-yang*.

O unicórnio é vizinho da fênix e próximo à paixão. Ele liga-se a ela pelo verbo motivador "revelar".

Talvez seja relevante acentuar a diferença básica entre a simbologia do dragão e a do unicórnio, pelo menos no que concerne à sua utilização nesse procedimento. Enquanto o dragão explora forças antagônicas ocultas no performer, inquietações que "empresta" à sua criação, o unicórnio surge quando uma característica insuspeita se materializa e, assim, o performer é modificado por sua criação. O dragão explora aspectos pretéritos. O unicórnio é o devir. Portanto, o unicórnio e seu singular corno simbolizam um determinado valor que é percebido como um traço marcante da constituição de uma composição, mas que modifica o performer por sua contundência. Como que rasgado em suas carnes por um detalhe de qualquer ordem, o performer "permite" modificar-se por sua descoberta.

Mas qual é o caráter de tal revelação? Por qual qualidade deve ser revestido o ato de revelar? O performer deve descobrir as razões

---

■■■
33 J. Chevalier; A. Gheerbrant, op. cit., p. 920-921.

fundamentais que o levam a adotar determinadas posturas, em vez de outras. A trilha do unicórnio é a dolorosa jornada do revelar-se, do descobrir-se. Antes que qualquer opção artística possa mobilizar o espectador deve tê-lo feito com o performer. Estudando o efeito fenomenológico da obra de arte, Bachelard propõe dois conceitos complementares: a ressonância e a repercussão, assim:

> As ressonâncias se dispersam nos diferentes planos de nossa vida no mundo, a repercussão nos chama a um aprofundamento de nossa própria existência. Na ressonância, ouvimos o poema, na repercussão nós o falamos, pois é nosso. A repercussão opera uma revirada do ser. Parece que o ser do poeta é nosso ser.[34]

O performer ultrapassa o estágio do simples "fazer" quando se alça à repercussão. No instante em que o dramaturgo não é mais o autor, quando o texto cênico já passa a outras autorias, aí temos o unicórnio revelando suas interfaces.

O chifre do unicórnio, que escapa à organização corporal do cavalo, pode ser entendido como um aspecto físico, mas não pode ser restrito a qualquer traço específico da corporalidade da personagem. A revelação do unicórnio se inscreve nas entranhas, na estrutura do próprio artista-criador.

Por outro lado, para que algo seja reconhecível pelo público, deve estar naquilo que é mostrado, no conjunto de realizações para a cena. Princípios de trabalho e partidos estéticos, radicais dentro de um contexto específico, constituem outro elemento dessa parte do Modelo Gráfico dos Quatro Animais Fabulosos.

Ao nos envolvermos em processos de criação para a cena, queremos mostrar cada uma das pérolas que o processo nos ofereceu. Para que possamos proceder essa partilha com o público, é basal que lidemos com cada momento em suas peculiaridades. O que fazemos é focar e editar, singularizar. A característica mais exterior do animal – e o verbo que o liga à harpia – pode ser relacionada,

---

34 *A Poética do Espaço*, p. 187.

não com uma particular forma de movimentação cênica, mas com a preocupação de que tal movimentação seja profundamente lastreada nos desejos artísticos envolvidos. Ou seja, todo o gestual é meticulosamente detalhado para compor uma linguagem coerente.

Fênix

> Há ali outra ave sagrada que só vi em pintura, cujo nome é o de fênix. Raras são na realidade, as vezes em que se deixa ver, e tão de longe em longe que, segundo os Heliópolis, só vem ao Egito a cada quinhentos anos, isto é, quando morre seu pai. Se em seu tamanho e conformação é tal como a descrevem, seu volume e figura são muito parecidos com os da águia, e suas penas em parte douradas, em parte carmesim.[35]

Essa ave mítica de origem etíope possui um simbolismo bastante simples: ressurreição, imortalidade e reaparecimento cíclico. Essa suposta simplicidade, entretanto, prevê a verticalidade que tal ciclo sugere. Dos animais fabulosos, a fênix é o menos complexo. Talvez, exatamente por isso, o mais árduo a de ser seguido.

O esplendor da fênix é inigualável, mas esse encanto provém de algo indefinível. Como as paixões que nos agitam a alma compõem a própria essência de nossas vidas, mas não podemos defini-las em sua inteireza, relatá-las em suas mais distintas nuanças e descrevê--las com a riqueza que – intimamente sabemos – as diferenciam umas das outras.

Há um possível paralelo entre o ciclo de existência desse animal fabuloso e o de composições de imagens para o performer durante sua vida profissional. A fênix arde em seu próprio fogo para, de suas cinzas, ressurgir. As formas do animal pouco importam, pois o que o movimenta são as paixões inconcludentes. Estamos nos estratos

35 J. L. Borges, op. cit., p. 25.

A *Fênix*, gravura de Tiago Fernandes.

mais íntimos, onde as regras que operam no macrocosmo de nada valem. É o campo volátil do inominável, dos sentimentos. A única maneira de a vida continuar é fazendo com que seja aniquilada. Assim, para viver, a fênix necessita perecer em seu próprio calor. Paralelamente, as paixões trucidam-se em nossa alma para que perenemente estejamos apaixonados. Para que surja uma nova composição, o performer desveste-se das antigas criações – não que elas desapareçam totalmente. Podemos pensar que o corpo de um performer seja como um conjunto de registros de suas antigas criações – anteriormente, me referi ao performer como um verdadeiro palimpsesto autobiográfico. Todas as criações deixam traços. Traços que nossas carnes reconhecem como evidências de nosso conhecimento. O acúmulo de registros que sobrevivem em nossos músculos é também ferramenta para novas criações.

A cada novo processo devemos reapre(e)nder o teatro como um todo. O teatro demanda certo sacerdócio, em que marcas do passado não garantem conhecimento sobre o que virá. Assim, mesmo nossa convicção como artista deve renascer a cada novo espetáculo. Essa pode ser uma das mais importantes lições que a fênix tem a nos mostrar.

Reaparecimento cíclico, imortalidade e renascimento. A analogia desse ciclo com a arte do performer pode ser, com o risco de pecarmos pelo entusiasmo, estendida ao próprio teatro ao longo da história.

Quando voltada à paixão, conforme mostra o Modelo Gráfico, o verbo da fênix é "desejar" – mas esse desejo não deve ser saciado, pois isso representaria o fim da razão de ser desse animal fabuloso. Ao se urdir uma composição, deseja-se. Um desejo amorfo é oferecido como pulsão, impulso, *élan*. Dar um contorno ou um limite fronteiriço seria trucidar a capacidade de desejar e, logo, o próprio ato de criação.

O performer pode nomear vontades para a sua personagem, mas não cercar-lhe o desejo e descobrir-lhe o rosto. Nosso contato com a fênix é sempre de viés, pois há o risco de se aniquilar o ímpeto artístico ao desvelarem-se formas onde antes havia pura quimera.

"Al-Jili faz da fênix o símbolo daquilo que só existe em função do próprio nome; ela significa aquilo que escapa às inteligências e aos pensamentos".[36] Da mesma maneira que o hermetismo nos ensina que não podemos compreender Deus por meio de seu nome, exceto pelo nome secreto – aquele que não se revela – não podemos compreender a fênix por suas formas. O fogo que brota-lhe das entranhas e a aniquila é o segredo de sua perenidade.

Voltando às sensações, a fênix propicia o imaginar, seu outro verbo motivador, pois as paixões realizam-se em consórcio com as fantasias. A imaginação e a fantasia talvez ocupem campos distintos, porém, ambas são tomadas como equivalentes. Assumimos estar na área de maior introspecção do performer. Imaginar é criar

36 J. Chevalier, A. Gheerbrant, op. cit., p. 422.

novas formas para que novas imagens irrompam: esse é o dialogismo provocado pela fênix.

> Esse pássaro magnífico e fabuloso levantava-se com a aurora sobre as águas do Nilo, como um sol; a lenda fez com que ele ardesse e se apagasse como o Sol, nas trevas da noite, e depois renascesse das cinzas. A fênix evoca o fogo criador e destruidor, no qual o mundo tem sua origem e ao qual deverá o seu fim, ela é como que um substituto de Shiva e de Orfeu.[37]

Exercícios Propostos
Para os Quatro Animais Fabulosos

Dragão

Verbo motivador
Imaginar

1. GÊMEO OPOSTO
Ideia Geral. Criar um "irmão gêmeo" oposto em caráter à sua personagem.

Descrição. O performer deve criar uma personagem que seja o duplo negativo da personagem que está criando. O estímulo para esse trabalho é criar um ser que seja o oposto daquele imaginado para a personagem. Dessa maneira, ao realizar uma cena, a personagem irá se comportar de maneira diametralmente oposta àquela imaginada inicialmente pelo executante. O "gêmeo oposto" é usado para o performer improvisá-lo em uma cena, ao menos já parcialmente estudada.

37 Ibidem.

Objetivo. Inicialmente, testar as intenções e motivações da personagem. Ao se utilizar uma contramarca ou um ponto físico oposto e ele funcionar, ou se mostrar mais adequado do que o original, significa que o estudo da cena ou da personagem precisa ser aprofundado. Em uma verticalização dessa ideia, podemos utilizar esse exercício para encontrar sutilezas e variações inesperadas na personagem. Essa atividade é um facilitador para a busca de momentos onde a personagem está sendo contraditória ou dissimulada. Como ela trabalha sobre o caráter da personagem, um de seus subprodutos é trazer à tona novas formas gestuais que de outra maneira o performer não encontraria.

2. ANALISTA FICCIONAL

Ideia Geral. Descrever um sonho da personagem. Fazer a interpretação desse sonho.

Descrição. Pode-se, opcionalmente, utilizar música para a realização desse exercício. Os performers deitam-se confortavelmente e fecham os olhos. O estímulo é improvisar a personagem dormindo e, mais especificamente, sonhando. O interessante é fazer ver que um sonho não é um evento linear e cartesiano. A lógica de ações e reações não impera no terreno onírico. Portanto, os performers devem estar preparados para "sonhar" eventos de forte conteúdo abstrato. Após alguns minutos (não menos que dez), os performers devem "acordar", descrever o que sonharam e fazer a interpretá-lo – como se fizesse às vezes do analista da personagem.

Objetivo. A intenção desse exercício é revelar como o performer enxerga sua personagem internamente, sem para isso buscar auxílio em conceituações ou juízos. "Ao sonhar", o performer cria uma trama paralela à proposta pelo autor, porém, fundada nessa última. A criação paralela reforça a autoria da personagem pelo performer.

Verbo motivador
Descobrir/Esconder

1. AXIS MUNDI

Ideia Geral. Encontrar uma pose que represente a essência da personagem.

Descrição. Um dos caminhos para o encontro da tal pose essencial é buscar um gestual poético, que seja a síntese de tudo o que quer expressar. Uma movimentação com início, meio e fim, que comunique alguma impressão a quem vê. Uma das formas de depurar-se ainda mais o gestual, que culminará em uma pose essencial, é criar supostas corporalidades distintas ao longo da trajetória cênica.

Objetivo. Consolidar fisicamente conhecimentos que podem estar circunscritos ao campo intelectual do performer. Essa atividade evidencia as construções físicas que ainda não foram discutidas com rigor ou que ainda não foram percebidas na composição.

2. COMPOSIÇÃO DANÇADA DE "EXPRESSÕES DISTRAÍDAS"

Ideia Geral. Formular uma sequência de gestual que corresponda às exteriorizações inconscientes da personagem ao longo de seu ciclo dramático.

Descrição. Deve-se encontrar uma sequência de todos os momentos em que se supõe uma desatenta expressão do mundo interior da figura criada. A partir dessa sequência, cria-se uma coreografia que encaixe os pontos dessa dança. Então, o material passa a ser discutido no que se refere às impressões deixadas. Pode-se utilizar música na última fase do exercício, a critério do performer executante.

Objetivos. Basicamente os mesmos do Axis Mundi, com a diferença que aqui existe uma linha evolutiva mais visível.

Harpia

Verbo motivador
Editar/Focar

I. FRANKENSTEIN

Ideia Geral. Montar um "exoesqueleto de personagem"[38] a partir de fontes externas.

Descrição. É pedido aos performers que observem pessoas que possuam traços físicos relacionados àquilo que se quer criar. É importante recorrer a mais de um modelo. E cada fonte deve fornecer material para apenas uma região do corpo. As fontes (pessoas que sirvam de modelo) podem ser pessoas reais ou referências visuais (personagens) provenientes de filmes ou espetáculos. O performer deve justificar a utilização de cada modelo com base em seus entendimentos sobre a personagem. Uma variável interessante foi sugerida pela atriz Laura K. Lucci, na qual os recortes corporais eram provenientes de características de animais.

Objetivo. Levar o performer a questionar e propor formalizações reconhecíveis para sua personagem. Como essa atividade demanda observação e reprodução de modelos exteriores, o performer passa a atribuir características físico-corporais para sua criação, que podem ser percebidas exteriormente.

2. CORPO SECCIONADO

Ideia Geral. Improvisar com uma só parte do corpo atuando de cada vez.

Descrição. Pede-se uma improvisação cujo principal estímulo para o performer será a atenção voltada para o gestual. Durante a improvisação, apenas uma área do corpo deve ser expressiva (por exemplo: os pés, os lábios etc), enquanto o restante permanece

---

38 Termo que desenvolvi ao lidar com caracterização em ensaios e nomeia formalizações exteriores perceptíveis e recorrentes.

impassível. É como se o foco se deslocasse para regiões distintas do corpo. O performer pode imaginar um foco de luz sobre a parte do corpo que estiver representando. É importante variar as regiões algumas vezes durante o exercício, tentando não repetir uma parte já utilizada.

Objetivo. Despertar no performer as possibilidades expressivas em regiões do corpo que poderiam ser desprezadas. Um dos reflexos da utilização desse exercício é o enriquecimento do arsenal gestual da cena, pois é ampliada a atenção. É possível observar que através do uso desse recurso pode-se escapar da obviedade em algumas composições gestuais.

Verbo motivador
Formalizar

I. O PEQUENO GESTO

Ideia Geral. Criação de algum pequeno traço gestual que caracterize uma determinada criação por sua recorrência.

Descrição. Após dividir a cena em unidades ou microcenas é pedido que o performer encontre ao menos um gesto realizado a partir de suas extremidades (mãos, pés ou cabeça). O importante é que o gesto seja discreto, quase um "ruído" no conjunto das atitudes corporais. Ao averiguar toda sequência da divisão da cena deve-se levar em conta a recorrência excessiva do gestual proposto – se a divisão contiver uma extremada riqueza de detalhes, existe o sério risco de fazer o oposto pedido por essa atividade. Após uma variável diminuição de repetições na cena, pode-se pedir ao performer para exportar esse gestual para outras cenas da peça.

Objetivo. A intenção geral dessa atividade é criar ao menos uma repetição gestual na composição cênica. Como recurso poético, a repetição evoca a redundância e o cíclico. Na composição, esse gesto discreto funciona como um sinal, identificando notas de artificialidade, intermeando o material criado.

Unicórnio

Verbo motivador
Revelar

I. CRIADOR X CRIATURA

Ideia Geral. Improvisar a partir de preocupações originadas pelo contato do performer com seu material de trabalho. **Descrição.** É pedido ao performer que tente sumarizar as preocupações que o processo desperta. Nesse exercício, o discurso artístico é o problema para a confecção da improvisação. Deve-se ter claro que as inquietações estéticas do artista, nesse caso, não apenas se constituem em mérito de discussão como definem o próprio tema para a realização da atividade. Ao optar pela criação de determinada personagem ou composição cênica, o performer o faz por quais razões? A opção foi consciente? Quais descobertas mais "mexeram" com o artista ao lidar com o material de estímulos e dramaturgia? Questões dessa ordem devem vir à tona. Após um aprofundamento nesses temas, os participantes devem (individualmente ou em grupo) improvisar sobre o resultado das reflexões e discussões. As improvisações podem ser realistas ou não, concretas ou não, sem que isso implique em qualquer juízo prévio. **Objetivo.** Uma das consequências diretas do uso dessa atividade é organizar estruturas discursivas. Matrizes de representação de linhas de pensamento são criadas, enquanto aspectos da criação de personagens e cenas são explorados nessa atividade. Esse exercício permite o aprimoramento da compreensão do performer sobre suas próprias intenções artísticas. O material a ser buscado como estímulo, dentro e fora do terreno dramático, pode ser uma ferramenta para descobertas em diferentes níveis. Ao ampliarmos a consciência do performer sobre o seu fazer, sofisticamos o artista e aprimoramos o produto de sua criação.

78

Verbo motivador
Editar/Focar

1. RUÍDO CORPORAL

Ideia Geral. Improvisação, tendo como estímulo encontrar perturbações no comportamento da personagem que não podem ser explicadas racionalmente.

Descrição. A partir de uma cena já estudada, cria-se uma improvisação na qual os performers tentarão criar "ruídos" corporais. Esses ruídos seriam perturbações na representação, que não são executadas tendo em vista o contar a história. O performer cria uma "fábula paralela" e a conta apenas com seu corpo, sem explicitá-la. Deve-se pedir ao performer que, alternadamente, partes distintas de seu corpo atuem – ora a parte que cuida da fábula, ora a parte que trata da fábula paralela.

Objetivo. Descobrirmos na composição gestual da personagem flutuações aleatórias sem um padrão definido[39]. Esses ruídos corporais são marcas de seu mundo interno, que vez por outra, sem que a personagem se dê conta, escapam para o exterior.

Fênix

Verbo motivador – Imaginar

1. REPRESENTAR CONCEITOS

Ideia Geral. Criação de cena abstrata a partir de sentimentos e sensações geradas pela personagem.

Descrição. O amplo tema para improvisações sugerido aqui pode ser resumido em duas categorias:

...

39 R. Rewald trata de incidentes processuais que interferem na elaboração dramatúrgica: ruídos e flutuações. Assim: "[...] as flutuações não necessariamente são aleatórias ao processo. Ao contrário dos ruídos, elas podem ser provocadas pelo próprio processo, tirando-o de seu equilíbrio". *Caos/Dramaturgia*, p. 23.

QUATRO ANIMAIS FABULOSOS

a. o performer cria uma cena usando a personagem ou um equivalente como motivo;

b. o performer improvisa utilizando sentimentos análogos aos propostos pelo material dramático. Para ficar no campo da fênix, o performer deve criar cenas abstratas, onde não possamos apreender uma trama. Não há, portanto, uma preocupação com a fábula.

Objetivo. Fazer o performer experimentar com seu corpo quais emoções atravessam seu material. A ideia básica dessa atividade, o estímulo mais contundente, é quebrar uma atitude determinista em relação aos conteúdos buscados e fazê-lo imaginar, pois ao performer são necessários certos procedimentos que estimulem sua imaginação, que em essência, é uma operação que consiste na capacidade de tornar presentes sensações vividas"[40].

2. PARTITURA CONCEITUAL

Ideia Geral. Montar partitura a partir de poses que apresentem aspectos fundamentais da personagem.

Descrição. O performer escolhe palavras que melhor caracterizem sua personagem. A cada palavra escolhida, ele deve criar uma pose que sintetize a ideia proposta. Por exemplo, se a obstinação for uma característica marcante para a personagem, deve-se criar uma pose que evoque o sentido de obstinação. Pode pedir-se ao performer que faça uma estátua com o título da característica encontrada. Após todas as principais características terem sido elencadas, propõe-se uma coreografia que passe por todas as poses feitas. É importante que o número de palavras proposto não seja muito grande, pois isso poderia inviabilizar a execução de uma partitura.

Objetivo. Criar fisicamente signos para as paixões que movem ou tocam emocionalmente a personagem. Nesse exercício, o

---

40 A. S. Silva, Interpretação: Uma Oficina da Essência, em A.S. Silva (org.), *Cepeca: Uma Oficina de PesquisAtoers*, p. 37.

performer é levado a imaginar e formalizar em posições uma série de conceitos que individualizam a personagem. Essa operação estreita os elos de pessoalidade do ato de criar.

Verbo motivador
Desejar

I. DA DOR E DO DESEJO

Ideia Geral. Improvisações, tendo como tema encontrar quais seriam as maiores dores e desejos da personagem.

Descrição. É proposta a criação de, ao menos, duas protocenas a partir da maior dor e do mais profundo desejo da personagem. Em primeiro lugar, o performer cria uma cena que revele a maior dor da personagem. Obviamente, não falamos de uma dor de origem física, mas existencial. O segundo passo é elaborar uma cena tendo como motivo o maior desejo da personagem.

Objetivo. Tendo estudado (cenicamente, inclusive) a dor e o desejo mais pungentes em sua criação, o performer passa a ter consciência das fraquezas e particularidades que moldam o caráter e as ações daquilo que leva para a cena.

3.

Cartografia

A primeira maneira de simbolizar esse procedimento de mapas de criações cênicas foi compará-lo às p-branas da física quântica[1]. Aqui, a estrutura não produz um sistema fechado e impermeável a variações. Pelo contrário, como a intenção é possibilitar caminhos que instiguem o performer a mergulhar nos meandros de seu trabalho, o conjunto de atividades propostas almeja gerar variadas fontes de estímulo para que tal aprofundamento ocorra. Dessa maneira, a cartografia seria apenas um dos inumeráveis atalhos dos quais o performer pode valer-se quando em processo de criação.

Os dados inseridos em um mapa podem ressoar em vários outros. Podemos imaginar os mapas como registros que podem se estender em várias direções, tocar-se e causar interferências uns nos outros, mantendo ainda sua autonomia.

Exortamos a elaboração de mapas como uma alegoria para impulsionar o performer a assumir um olhar interrogativo sobre sua criação e, por meio de estudos práticos e teóricos, passar a explorar as diversas interfaces contidas em um determinado processo.

Sugiro sete mapas para que o performer confeccione personagens ou equivalentes:

---

[1] Uma explicação rudimentar para p-branas é descrevê-las como membranas conjuntivas dos multiversos.

1. de tonicidade muscular;
2. de ritmo;
3. de acústica;
4. plástico;
5. mitopoético;
6. estrutural;
7. abstrato/concreto.

Ao construir os mapas, o performer não pode pretender chegar a um ponto-final. As cartas sugeridas apenas exploram terrenos intocados ou já visitados e esquecidos, nos quais o performer busca uma compreensão maior sobre as diversas facetas de sua criação. Não há, portanto, término para realização dessa exploração cartográfica, pois encontrar um fim para as possibilidades exploratórias de uma personagem é uma forma de matá-la. Onde cessa o movimento, cessa a vida. A estagnação significa o fim. Se o performer não sente mais o toque da sedução que o empurra por novos caminhos, novos desafios, a ele nada restará senão linhas memorizadas e marcas burocratizadas.

Como cada um dos mapas é autoexplicativo, as considerações não são demoradas. A cada mapa corresponde ao menos um exercício. Evidentemente, não há um número exato de exercícios a serem desenvolvidos, podendo nem haver uma dinâmica específica, conforme o caso. Assim, ao propormos a utilização do mapa estrutural, poderíamos considerar apenas um aprofundamento nas discussões, em vez da aplicação do exercício proposto. Entretanto, a prática dos ensaios sugere o contrário.

O encaminhamento proposto pelos mapas é ultraflexível, o que significa que mesmo os mapas propostos, seu número e suas funções são abertos a novas inferências. Se um performer, um encenador ou professor quiserem utilizar apenas alguns dos mapas, ou criar novos, essa interferência poderá ser muito proveitosa ao artista e à metodologia.

A aplicação desse encaminhamento pode seguir dois padrões distintos:

a.   são expostos todos os mapas pretendidos de uma só vez;
b.   exploram-se cada um em turnos distintos.

O meu uso foi do primeiro tipo, tentando simultaneamente avançar em várias áreas do conhecimento do performer sobre a composição.

O procedimento para emprego da cartografia é bastante simples. Pode-se fazer uma preleção sobre cada um dos mapas e seu funcionamento, ou apenas empregá-los à conveniência e segundo as necessidades de ensaios e performers. Segue uma breve descrição de cada uma das cartas sugeridas e exemplos de atividades práticas.

Mapa de Tonicidade Muscular

Como o nome já indica, esse mapa trata da organização da tonicidade muscular do corpo do performer na composição da cena. Ele deve buscar o índice de diferença entre sua estrutura muscular natural, do cotidiano, e aquela que desenvolve em sua construção artística.

A intenção geral desse procedimento é fazer com que o performer adquira uma maior consciência física em seus processos criativos e saiba diferenciar um corpo para a composição e sua estrutura física de artista-criador. Uma das interfaces dessa diferença é aquilo que chamo de exoesqueleto de personagem. O exoesqueleto seria uma estrutura muscular formalizada, ou em processo de formalização, cujos componentes de tonicidade – tensão e relaxamento relativos a diferentes áreas do corpo – guardam distinções em relação ao corpo do performer. Assim, uma das funções desse procedimento seria a criação desse suposto exoesqueleto de personagem.

A sustentação do exoesqueleto está na caracterização da composição. Para Stanislávski, o mundo interior de uma personagem é um outro aspecto de seu exterior e vice-versa. Essa percepção se aproxima de um dos pensamentos máximos da alquimia, atribuído a Paracelsus, que diz "é fora como é dentro, é dentro como é fora". Quando proponho um encaminhamento onde o performer se ocupe em perceber como é a estrutura tônica de sua criação, sugiro apenas que o artista pormenorize o aspecto tônico-muscular do processo de caracterização posto em marcha.

A transformação que a caracterização demanda pode ser entendida com uma metamorfose, na qual, na realidade, o performer busca outra composição de si mesmo ou várias outras de suas próprias interfaces.

Assim, quando Stanislávski afirma que a "caracterização interior [é] algo que só se pode configurar a partir dos elementos interiores do próprio ator, que devem ser sentidos e escolhidos de modo a se ajustarem à imagem da personagem a ser representada"[2], podemos entender a caracterização como uma máscara que serve não para esconder o rosto do performer, mas para revelar-lhe os verdadeiros contornos.

O mapa de tonicidade está ligado à "atitude", como descrita por Patrice Pavis: "Maneira de se ter o corpo, no sentido físico. Por extensão, maneira psicológica ou moral de encarar uma questão". E, dessa forma, ao gesto, como ainda aponta o teórico francês, citando Decroux: "Atitude equivale a pose, maneira voluntária e involuntária de se manter, e a postura, posição de uma parte do corpo em relação às outras. A atitude é muitas vezes assimilada a um gesto feito: 'O gesto passa, atitude fica [...]. A mímica é uma arte em movimento na qual a atitude não é senão a pontuação'"[3].

Para a composição do mapa de tonicidade é necessário que o performer estruture de forma consciente um nítido esquema corporal. O corpo deve ser-lhe moldável, pois "toda utilização do

2 *Manual do Ator*, p. 41.
3 *Dicionário de Teatro*, p. 28.

corpo, tanto em cena como fora dela, necessita de uma representação mental da imagem corporal"[4].

Exercícios Recomendados Para o Mapa de Tonicidade Muscular

Fábulas Corporais

O exercício é dividido em quatro etapas:

> Pés
> Mãos
> Olhos
> Jogo das tensões

O primeiro passo é pedir aos performers que repitam para si mesmos tudo o que sabem sobre a composição. Essa é uma atividade preparatória que ajuda o performer a se aquecer para o exercício. Esse aquecimento torna frescas as construções de conhecimento prévio sobre sua composição.

O exercício trabalha com partes isoladas do corpo a cada vez. Cada porção do corpo destinada a executar a atividade irá contar a fábula da personagem, ao mesmo tempo em que personifica a criação.

Deve-se definir uma pose que contenha a essência de cada uma das fases. Assim, haverá uma pose para os pés, as mãos, os olhos e o jogo de tensões, que seja a síntese da história e da própria composição. Ao término de cada fase, o performer deve agregar as anteriores à composição geral.

A fase dos pés inicia-se com os performers deitados de barriga para cima, com as pernas alçadas no ar e apoiadas na parede. O

4   Ibidem, p. 76.

cóccix quase deve tocar a parede. A posição é como se a pessoa estivesse sentada na parede. Os pés e as pernas libertos da gravidade podem mover-se sem embaraços pelo ar. Toma-se o mesmo cuidado com as mãos. A pose resultante seria uma estátua essencial da personagem – também uso o termo "axis mundi" para essa pose resultante. Tal pose é uma espécie de subproduto desse exercício, pois a meta cultivada é a dança criada no contar a história.

Trajetória Tônica

Os performers andam pelo espaço. Pede-se que façam o andar da personagem no início da fábula. Após certo tempo é pedido que reproduzam o andar da composição no final do ciclo dramático. As mudanças nesse andar, mesmo as mais sutis, devem ser dignas de nota. Tendo a história como guia, o performer deve construir detalhadamente as mutações que o exoesqueleto de sua composição sofre. Ele deve saber precisamente como os acontecimentos vividos transformam sua composição.

Além de andar, os performers podem realizar outras ações simples, como sentar, levantar, beber um copo de água, fumar etc.

Cartão Postal

Com papel e canetas de duas ou mais cores, os performers desenham o corpo da personagem e os pontos de maior tensão física. As cores servem para diferenciar as intensidades.

CARTOGRAFIA

Esse exercício materializa o mapeamento tônico, mas vale ressaltar que ele demonstra – com maior ou menor riqueza de detalhes – a estrutura geral do exoesqueleto da personagem. Os momentos de transformação observados no exercício da trajetória tônica podem ser esboçados em diversos cartões-postais da composição.

Mapa de Ritmo

> *Se o leitor nos acompanhou em nossa tese* [...]
> *ele não estará longe de concluir conosco que a duração*
> *é, estritamente falando, uma metáfora.*[5]

Empiricamente percebemos que a percepção espacial é um fenômeno que ocorre a partir de dados que se encontram fora de nosso corpo. Medimos a quantidade de espaço comparando posições, tomando a distância entre pontos de referência exteriores à nossa carne. Entretanto, a checagem de quantidades de tempo (percepção temporal ou da duração) acontece primeiramente dentro de nós. Antes de lançarmos nossos olhos a um aparelho com essa finalidade (medir a passagem de tempo), já temos uma impressão formada. Por vezes, nossa dinâmica interna nos prega peças, tanto por sua precisão, quanto por sua imprecisão – o performer tem como tarefa tentar também iludir ou encantar seu público nesse terreno.

O mapa de ritmo aponta para a compreensão rítmica que o performer possui sobre sua composição. Esse encaminhamento de criação tem como finalidade engendrar no performer a percepção dos efeitos da duração. O artista deve ter para si claramente todas as variações rítmicas da composição durante sua trajetória dramática – essa compreensão é fornecida através do minucioso mapeamento dessas variações e de suas causas.

∎

5   G. Bachelard, *A Dialética da Duração*, p. 105.

A dificuldade em relação ao ritmo é que o percebemos como eventos que fluem no tempo:

> Todos os seres humanos são afetados pela velocidade, ou compasso de seus ambientes, o chamado Tempo. Em adição, cada indivíduo tem seu próprio ritmo. Trabalhar no Tempo-Ritmo coordena e exercita processos internos e externos no ator.[6]

Uma vez que a percepção da passagem de tempo é pessoal, interna e particular (que pode ser chamada "ritmo" – a intensidade de nosso fluir pelo tempo), criar um tempo cênico é a árdua tarefa do performer. "O ritmo é uma emoção liberada em movimentos ordenados".[7]

Exercícios Recomendados
Para o Mapa de Ritmo

Cardiograma

Pede-se que cada performer, individualmente, estabeleça através de algum meio de percussão (como bater palmas ou bater com uma caneta sobre uma superfície) o tempo-ritmo interno e o tempo-ritmo externo[8]. Simplificando: intensidade e velocidade na execução das ações, de sua composição em uma determinada cena. Isso pode ser facilitado se o performer fizer preliminarmente um gráfico de tempo-ritmo[9].

6   C. Stanislávski apud M. Gordon, *The Stanislavski Technique*, p. 246.
7   Platão apud E. Barba; N. Savarese, *The Secret Art of the Performer*, p. 211.
8   De modo geral, podemos dizer que tempo-ritmo é a intensidade usada pelo ator para realizar temporalmente as suas ações. Eugênio Kusnet no capítulo sétimo de *Ator e Método* especifica a diferença entre TRE e TRI.
9   O gráfico a que me refiro é um exercício que aprendi com a atriz e pesquisadora Laura K. Lucci, que consiste na construção de um gráfico que apresenta as variações de intensidade interna e externa do tempo-ritmo de uma personagem. A

Ritmo Fonador

Os performers criam sons com a voz (não vocabulário articulado) que reproduzam o ritmo da cena. Essa atividade ajuda a estabelecer a posterior dinâmica de elocução do texto na cena. Esse é um exercício de improvisação que necessita de um entendimento prévio da cena. Assim, o ritmo fonador pode ser utilizado em um processo de análise ativa.

Percussão Corporal

Partes do corpo são usadas para a produção de sons. Nessa atividade, a fala não é utilizada.

Para a produção de sons na percussão corporal, aquele que estiver aplicando o exercício deve orientar os performers de que o ritmo e a intenção da fala devem ser considerados. Pois, as partes e as formas de utilização do corpo são relevantes para a realização dessa atividade.

Uma possível variação da percussão corporal é utilizar o corpo do parceiro como anteparo para a percussão. Considero essa variação interessante porque o subtexto pode ser explicitado através de ações e não de explicações ou falas.

...

confecção do gráfico é relativamente simples: no campo das ordenadas, o performer relaciona em ordem cronológica, os eventos que ocorreram à sua personagem. *Flashbacks* e *flashforwards* devem ser ignorados. No campo das abscissas é disposta a gradação rítmica de zero (imobilidade ou ausência completa de ritmo) à maior intensidade rítmica que a personagem possa experimentar na cena. Constroem-se, então, duas linhas distintas, que correspondem ao interno e ao externo da personagem. A comparação desses campos pode indicar momentos de grande interesse. Eventos que indicam forte impacto emocional ou situações de grande disparidade entre as linhas de tempo-ritmo externo e tempo-ritmo interno.

Ritmo Imprevisto

Não recomendado como atividade inicial, esse é um estudo de cena com texto (não necessariamente decorado), quando for o caso, e os ensaios devem estar em um estágio um pouco mais avançado.

Pede-se ao elenco que improvise a cena encontrando uma forma rítmica inusitada. Os performers não devem combinar entre si quais serão as mudanças que proporão à dinâmica da cena. Assim, os eventuais acidentes precisam ser assimilados durante a improvisação. Essa atividade provoca no elenco a visão de interfaces não previstas para o desenvolvimento dramático de uma determinada cena.

Através do ritmo imprevisto quebra-se o condicionamento do elenco em uma dinâmica rítmica previsível e absolutamente condizente com o desenvolvimento do conflito da trama. Em algumas cenas, essa quebra de padrões pode criar leituras originais para temas aparentemente estéreis de novidade.

Sete Tempos

É estabelecido junto ao elenco um código que indica sete velocidades diferentes. Aquele que estiver aplicando o exercício pode falar, bater palmas ou algo similar para indicar a velocidade que deseja para a cena ou que determinada personagem assuma em um dado instante.

Novamente, essa é uma atividade de improvisação, mas alguns aspectos da cena já devem ser do conhecimento dos performers para que ela tenha êxito. Para que a velocidade da improvisação possa ser modificada, é necessário que os performers conheçam o tema e as ações correspondentes à cena.

CARTOGRAFIA

Mapa de Acústica

O mapa de acústica está relacionado a todo o universo sonoro que envolve a composição. Podemos dividir os sons relacionados à composição em duas categorias básicas:

    a.   de construção, que pertence ao âmbito da criação, não tendo de necessariamente pertencer à formalização final;
    b.   de espetáculo, que são aqueles efetivamente ouvidos pelo público.

Outra possível separação pertinente seria:

    a.   sons produzidos pelo aparelho fonador do próprio performer;
    b.   outros sons, que não o da voz do próprio performer, como palmas, percussão, uso de instrumentos etc.
    c.   sons produzidos por outrem, sejam eles de trilha mecânica, ruidagem artificial ou ao vivo.

Com relação aos itens acima vale lembrar que, ao explorar o mapa acústico de sua composição, o performer trabalha com toda sonoridade circundante, ou seja, os sons que marcaram sua composição durante o processo de ensaios e apresentações (mesmo aqueles produzidos pelo público), os de sua voz e de seus colegas, músicas e produção de ruídos de modo geral.

Quando tratamos do mapa de acústica podemos perceber a existência de vários subníveis. Optei por não transformar essas divisões em mapas autônomos, pois demandaria um empenho que escapa da finalidade expositiva deste material e também porque os efeitos práticos, com tal pulverização, passam a ser menos perceptíveis.

Assim, o mapa de acústica trata também da voz da composição e de músicas e efeitos de som a ela relacionados.

Exercícios Recomendados
Para o Mapa de Acústica

Ambiente Sonoro

Improvisação onde aquele que aplica o exercício pede ao elenco que faça a cena, sem palavras, acompanhando certa sonoridade ambiente. A partir de um estímulo sonoro (música mecânica ou ao vivo e efeitos diversos) recuperam-se as ações pertinentes à cena para que sejam realizadas, levando-se em conta as sugestões de atmosfera que a ambiência sonora criada proporciona.

Esse exercício pode ser realizado de duas formas distintas:

a) o performer é o próprio DJ da cena, escolhendo músicas e "ruidagem" que comporão o ambiente a ser criado;

b) outro participante torna-se arquiteto dessa ambiência sonora, que pode ser feita ao vivo ou por meio de trilha mecânica. Pode-se acrescentar a música para desenhar as cenas e ações da composição. Reagir ao ritmo proposto sem esquecer o objetivo e atividades afins.

Mapa Plástico

> [...] *as ligações dos instantes verdadeiramente ativos são sempre efetuadas sobre um plano que difere do plano em que se executa a ação.*[10]

Ao se debruçar sobre a questão da duração, Bachelar nos revela que as verdadeiras "ligaduras" entre os eventos ocorrem em um nível que difere daquele em que situamos a trama. Essa ideia nos remete à formulação do conceito de montagem[11], pois, mesmo fora de um

10 G. Bachelard, op. cit., p. 105.
11 Barba e Savarese diferenciam a montagem do ator da do diretor. Temos a montagem do diretor nos seguintes termos: "O diretor guia, divide e reúne a atenção do

CARTOGRAFIA

sistema estritamente codificado de representação, o performer deve abandonar seu comportamento cotidiano e selecionar um repertório de ações expressivas que possam ser lidas pelo espectador.

Em determinada fase do processo de construção, o performer atravessa aquilo que Armando Sérgio chama de composição de signos teatrais[12]. Em seu trabalho, o pesquisador ainda propõe uma ação artístico-pedagógica para essa seleção. Vejamos: "os atores devem observar atentamente seus exercícios filmados e fotografados e escolher, sozinhos e depois em conjunto, tais 'potencialidades expressivas'". Sendo que as potencialidades expressivas seriam "expressões quase que teatrais"[13]. No caso de um elenco profissional, ainda que sem os procedimentos didáticos apresentados pelo professor, o mesmo acontece e é do conjunto de tal seleção que nos ocupamos no mapa plástico.

O mapa plástico pretende rastrear os signos visuais que o performer utiliza em sua criação. Cada movimento, cada instante de imobilidade, cada mudança de estado surgem para o público como conteúdo simbólico. Então, "quanto mais ativa a faculdade do performer de enxergar por detrás das palavras do autor os eventos vivos da realidade, de imaginar aquilo que está falando, mais poderosamente influenciará o espectador"[14]. Acredito ser fundamental que o executante do ato cênico tenha absoluta clareza em suas intenções.

Carece ao performer observar sua criação como uma realização artística destinada preencher o anseio seu e de outrem. Dessa maneira, a trajetória da personagem ou equivalente deve ser vista como um quadro em movimento. O que impulsiona o performer nesse trânsito é a sua possibilidade de "visualização, suas convicções, sua crença, seu sentimento de verdade, seus sentimentos"[15].

...

espectador por meio das ações do ator, das palavras do texto. Quanto ao ator que trabalha num sistema codificado de representação a construção da Montagem acontece alterando seu comportamento 'natural' e 'espontâneo'." Op. cit., p. 160.

12 Interpretação: Uma Oficina da Essência, em A. S. Silva (org.), *Cepeca: Uma Oficina de PesquisAtores*, p. 91.

13 bidem.

14 M. Knebel, *El último Stanislavsky*, p. 113.

15 Idem.

Urge que o performer possa ver sua composição interiormente, que crie imagens que lhe sejam caras. Também é necessário enxergar exteriormente o fruto de sua criação como um objeto, passível de leitura, de decifração. A composição, nesse contexto, é como um estatuário móvel possuidor de uma forma reconhecível, uma estética apreciável.

O mapa plástico é um procedimento que tem como tarefa ampliar a percepção da composição em relação a estética do espetáculo em que ele está inserido. O performer contrapõe suas escolhas às dos demais que integram o processo de confecção espetacular.

Exercícios Recomendados
Para o Mapa Plástico

Construir um Sólido

Distribui-se ao elenco folhas de papel de gramaturas e texturas diferentes, como papel de seda, papelão, cartão e sulfite. Além do papel, dá-se cola, fita adesiva, pequenos palitos de madeira (tipo palito de sorvete), fitas do tipo "rabo de rato" e qualquer outro material que possa sofisticar a confecção de um objeto tridimensional.

De posse dos materiais, o performer passa a construir um sólido que represente a sua composição. A escultura fabricada não deve ser realista, pois o que importa não é uma imagem figurativa da personagem, mas uma montagem que seja equivalente ao entendimento que o performer tem do que seja a essência de sua composição. Na construção desse sólido, traços do comportamento da composição podem (e talvez devam) ser retratados fisicamente pelo performer.

Um dos resultados práticos diretamente observáveis dessa atividade é gerar um produto sobre o qual o performer pode condensar um discurso crítico, que tenha como base a própria visão estabelecida sobre sua obra (a composição) e seu processo de criação.

Storyboard

Como o próprio título do exercício já indica, essa atividade nada mais é do que o performer fazer uma história em quadrinhos de suas ações em uma cena. É uma variação do tradicional exercício dos fotogramas.

É importante lembrar que a qualidade estética dos desenhos não tem a mínima importância nesse exercício, mas sim a acuidade com que as ações são retratadas. Os mínimos detalhes são relevantes "o diabo/Deus está nos detalhes".

Cada performer deve preparar os seus desenhos. Depois, deve-se fazer uma comparação entre os desenhos dos componentes de uma determinada cena, criando uma "fotonovela" com a composição de todos os desenhos (sem, evidentemente, as repetições que acontecerem).

Como última etapa, passa-se toda a cena, reproduzindo cada um dos desenhos. Nesse último momento, o elenco não deve parar nas poses, mas passar por elas como sinais em uma estrada.

Mapa Mitopoético

Aqui tratamos das metáforas que podem compor as fábulas em que trafega a composição.

O mapa mitopoético estuda os mitos associativos que o performer encontra para sua composição. Na preparação da obra, o artista deve perceber quais são as questões emblemáticas que sua composição suscita. Para a montagem de uma composição ou de um espetáculo é necessário a escolha de equivalentes. A ordenação e o entendimento dessas escolhas são denominados "campos" do mapa mitopoético.

Uma personagem pode ser traduzida em uma metáfora. Mesmo que não seja capaz de traduzi-la em palavras, o performer tenta desvendar-lhe os segredos e significados. Por que preterimos uma associação em relação à outra que nos parece mais adequada, ao menos momentaneamente? Tal questão apresenta um aspecto de compreensão que se estende para além, talvez, da compreensão consciente dos fenômenos e processos – entramos no campo do sentido oculto do mito e de suas repercussões mais pessoais.

Apesar de ambos trabalharem nas profundezas de sua composição, é necessário que se diferencie o mapa mitopoético do mapa abstrato/concreto, pois nesse último as imagens e sensações não obedecem a uma lógica perceptível. Já no mapa mitopoético há um encadeamento sistemático, coerente. Entretanto, em ambos certos aspectos são parcialmente intraduzíveis.

Exercícios Recomendados Para o Mapa Mitopoético

Rapsodo

É pedido ao elenco que estude mitos correspondentes a cada personagem, ou para cada evento que possa gerar imagens autônomas. É opcional, mas recomendável, a realização de improvisações e atividades corporais sobre o mito pesquisado.

Utilizando recursos de contadores de história (*story telling*), cada performer irá contar a fábula, trajetória ou equivalente do mito identificado com sua composição. Após a narrativa da fábula correspondente, o performer poderá empregar passagens ou fragmentos da dimensão que preferir, em momentos determinados da trajetória de sua composição.

O Ritual

Uma vez identificada (ou ao menos estudadas as possibilidades) qual é a metáfora de referência mitológica da personagem, o encenador ou aquele que estiver aplicando a atividade deve pedir que cada performer prepare um ritual para sua composição.

A maneira pela qual esse ritual deve ser confeccionado é bastante simples. Primeiramente, deve-se identificar a composição a uma deidade ou potência com a qual existam afinidades. Depois, o performer elege os meios pelos quais tal potência, que passa a ser vista como um duplo dos próprios personagem/performer, deve ser cultuada. A preparação desse exercício demanda algum tempo, ainda mais se o performer tiver disposição para preparar paramentos e acessórios que o auxiliem nessa ação.

Vale ressaltar que o ritual não implica em prática religiosa ou mística de qualquer espécie, tendo essa atividade apenas o propósito de avivar no performer questões sobre o caráter e a eventual conduta da composição em processo de criação. O que existe é uma mistificação, a fabricação de um simulacro observável.

Mapa Estrutural

O mapa estrutural diz respeito às estruturas de pensamento que organizam a personagem como indivíduo. É uma a ferramenta que faz com que o performer tente entender como a sua personagem se relaciona com os seres e as coisas do ponto de vista das ideias. Qual a atitude da personagem tem relação com os eventos e quais modelos de entendimento/cognição são postos em marcha para a personagem perceber a natureza dos fatos.

A intenção desse encaminhamento é explorar qual é a filosofia de vida da personagem e qual seria o melhor modelo para explicar-lhe/desvendar-lhe a psique. Para tanto, podemos nos valer de ciências de ponta como a filosofia clínica[16] – proposição utilitarista para a filosofia, que preconiza que os filósofos (aqueles graduados em

---

16 Projeto de adaptação da filosofia acadêmica à prática clínica. A filosofia clínica é uma especialização do curso regular de filosofia. O criador dessa modalidade no Brasil foi Lúcio Packter.

filosofia) possam clinicar pacientes para ajudá-los a lidar melhor com suas próprias estruturas de pensamento, bem como de modelos consagrados da psicologia (Freud, Jung, Lacan etc), ou até mesmo tipificações em desuso como os tipos humanos[17], entre outras.

O termo estrutural para esse mapa remete às estruturas mentais dos indivíduos, portanto, o campo de trabalho é interior. Posturas políticas, preconceitos de qualquer espécie e posições religiosas também podem ser explorados por essa ferramenta.

Exercícios Recomendados
Para o Mapa Estrutural

Id Manifesto

Improvisação onde o performer tenta representar, de maneira realista ou não, ações que correspondam à forma com que a personagem, em sua opinião, lida com o mundo, os seres e as coisas. Ele deve desenvolver a atitude da personagem frente à realidade se as forças superegoicas, que controlam o comportamento da personagem, fossem subitamente suprimidas.

Seminário(s)

Aqui se aliam a forma tradicional de seminário e o estudo de mesa com improvisações temáticas.

O Inferno São os Outros

Em alternância, cada performer fala de suas impressões sobre as outras criações. O autor em questão deve permanecer em silêncio,

---

17 Fleumático, irascível, sanguíneo e melancólico, analisados supra, p. 50-53.

sem contestar opiniões que contrariem as suas. Esse exercício não é um debate entre as distintas opiniões que surgirem entre os performers sobre uma mesma personagem. Eventualmente, a discussão sobre as personagens pode ser bastante produtiva, mas qualquer polêmica nesse sentido apenas causará retardo no processo.

Após ter emitido suas impressões e opiniões sobre uma dada personagem, cada performer, em turno, deve fazer uma breve improvisação acerca da personagem de seu companheiro. Não é necessário que ela seja muito elaborada, podendo se restringir a apenas algumas poucas ações simples. O que interessa nesse momento é que o performer veja a atitude geral que o colega infere da sua personagem.

Assim, o performer terá acesso às visões de seus companheiros de trabalho sobre o seu material. É importante que ele tente encontrar padrões nas representações que seus colegas oferecem. Provavelmente, pontos recorrentes nas improvisações representem os traços mais fortes da personagem em construção.

Mapa Abstrato/Concreto

O mapa abstrato/concreto é o território que agrega as impressões aparentemente desconexas que o performer amealha sobre a personagem. É o puro campo da subjetividade e dos juízos pessoais. Portanto, coerência não é seu ponto forte. Da mesma maneira que uma pessoa de carne e osso vive e se angustia com suas contradições, também deve ser dada essa prerrogativa à personagem.

No mapa abstrato/concreto tratamos de impressões, muitas vezes passageiras, sobre o sentido geral da composição. Desconsiderando o aspecto efêmero das impressões, esse mapa tenta encontrar as origens e os possíveis desdobramentos na cena.

A partir da própria definição de abstração[18], tenta-se trabalhar em separado com impressões e sensações a princípio incongruentes entre si.

Aqui se caracteriza o caos. No mapa abstrato/concreto, o performer pode explorar sua intuição sem ter um discurso firmemente amarrado que ampare suas incursões pela alma da personagem. Esse é o campo onde cessa a capacidade de explicação, pois as coisas mais importantes, nossos saberes mais profundos, intensos e reveladores não podem ser expressos em palavras. A fímbria da intertextualidade se aloja para além do domínio da oralidade, de forma que o mapa abstrato/concreto é pessoal e intransferível. Nele, visões confusas e transitórias traduzem a história da criação pelo performer. Portanto, é o mapa das contradições, das negações, da dor.

De todos os mapas, esse é o de mais importante documentação, mesmo que seja o único a ser registrado, partindo da ideia de que o performer queira de fato ter uma crônica de seus processos.

Enfim, o mapa abstrato/concreto seria a própria força propulsora, o imponderável, a chama de Shiva. Enfim, o desconhecido!

Exercícios Recomendados
Para o Mapa Abstrato/Concreto da Personagem

Picasso

O encenador ou aquele que estiver aplicando as atividades posiciona uma grande folha de papel em branco no centro da sala de ensaio. Tubos de tinta, com no mínimo as três cores primárias, devem igualmente ser colocados no centro da sala. O elenco é instruído a realizar uma pintura coletiva, a partir das trajetórias de cada personagem, representando o quadro da peça.

...

18 No sentido filosófico, "operação pela qual o espírito considera separadamente coisas inseparáveis na Natureza." F. B. Pestana, *Dicionário Completo de Língua Portuguesa.*

A pintura realizada não deve ser figurativa. As cores são um pretexto para a exploração das impressões subjetivas de cada um sobre o peso e as interferências de sua personagem no ciclo dramático e nas trajetórias dos outros envolvidos na trama.

Picasso revela aspectos do conhecimento que o performer tem sobre sua personagem que muito dificilmente emergiriam em um discurso articulado. É importante ter em foco a importância da coerência das trajetórias criadas para as personagens em relação às circunstâncias propostas, quando existirem. Dessa maneira, o elenco consegue estabelecer um diálogo através dos pigmentos.

Picasso II

Cada performer recebe uma folha de papel em branco e tubos de tintas (com no mínimo as três cores primárias).

O elenco é instruído a fazer o quadro do mundo interno de sua personagem. Diferentemente do exercício Picasso, em Picasso II a pintura pode (não que necessariamente deva) ser figurativa.

Nessa atividade, o que importa são as visões, também de caráter subjetivo, que o performer tem sobre o interior, a psique, a alma de sua personagem. É necessário que ele explique (não que justifique) sua pintura. Após o exercício, o encenador deve pedir a utilização prática do material levantado, ou seja, inserir em uma cena o fruto da dinâmica.

Mundo Interno

É pedido aos participantes que se espalhem pela sala, de modo que cada tenha um espaço útil que lhe permita certo conforto ao mover-se. Com a utilização de música, é pedido aos performers que cerrem seus olhos e, sempre de pé, imaginem o que seria o mundo interno de sua personagem.

O mundo que cada um irá criar para sua personagem não deve ser um ambiente real e possível. As paisagens criadas devem ser fantásticas e concebidas a partir dos conhecimentos que cada um acumula sobre suas personagens. Cada ponto desse novo e particular universo deve ser cuidado nos mínimos detalhes para que haja uma eventual crença na possibilidade de que o espírito da personagem possa se mover por esse mundo. Assim, por exemplo, as paredes desse mundo podem ser de gelo e no chão uma fina camada de ácido queimar os pés da personagem.

Não é cobrado dos performers que racionalmente expliquem o quadro criado, mas que, segundo uma ótica muito particular, essa representação interna seja coerente. Após as visualizações se consolidarem, os performers são instruídos a deixarem-se tocar pelos efeitos desse mundo. Por exemplo, se há ácido no chão, essa substância passa a queimar os pés do performer e assim por diante.

É pedido aos performers que andem pela sala (podem abrir os olhos quando estiverem suficientemente seguros de suas visões) e, paulatinamente, eles devem fazer com que suas carnes sejam marcadas pelo mundo interno. A finalização desse exercício é feita através da narração de cada mundo criado.

4.

Pentagrama

Cinco Revestimentos

Os procedimentos de composição sugeridos a seguir desenvolvem-se originalmente a partir de duas fontes. O pentagrama é um símbolo que conecta diferentes tradições, traduções e interpretações. Sendo assim, sua potência e versatilidade sígnica bastam para explicar-se. A outra fonte, ela própria alegórica, desvela-se mais difusa e indireta.

Joseph Campbell define a civilização egípcia, apesar de ter desabrochado no continente africano, como tendo características orientais[1]. Os egípcios influenciaram significativamente várias culturas posteriores e em particular a hindu. Traços dessa influência, segundo Campbell, podem ser percebidos na vigorosa tradição do vedanta[2]. O exemplo descrito é o do elaborado processo de sepultamento do faraó e dos altos dignatários, que além da mumificação (que pode tomar alguns meses) tinham os restos depositados em cinco diferentes invólucros, representando cinco diferentes formas de manifestação do indivíduo. Da mesma maneira, os *Upanishads* dão conta da existência de cinco

···

1   Cf. *As Máscaras de Deus*, v. 2, p. 35..
2   Proveniente dos Vedas, antigos textos indianos de origem bramânica.

corpos, ou "amparadores", que seriam aspectos distintos de nossa consciência. Esses corpos são:

Annamayakosha
Pranamayakosha
Manomayakosha
Vijnanamayakosha
Anandamayakosha

De modo um tanto grosseiro podemos definir esses corpos segundo seus aspectos na manifestação da consciência. Annamayakosha é o corpo constituído pela alimentação, por tudo que é ingerido pelo aparelho digestivo. O ar que respiramos forma o Pranamayakosha. Nossas funções vitais, aquelas que se processam em nosso corpo independentes de nosso raciocínio forjam o Manomayakosha. O Vijnanamayakosha compreende todo o nosso conhecimento adquirido. E por fim, o Anandamayakosha é aquele "amparador" que nos liga à transcendência. É a manifestação do divino em nossa consciência.

Com número estimado em 108, os Upanishads formam a "parte espiritual" dos Vedas. Os Upanishads possuem aspecto doutrinário e a própria etimologia do sânscrito Upa (próximo) + nih (abaixo) + shad (sentar) sugere a forma com que o conhecimento era transmito do guru ao neófito, algo que ainda hoje guarda certa semelhança com uma aula/ensaio de teatro.

O passo seguinte para a constituição de um procedimento viável é o transporte dos cinco corpos-amparadores para o terreno da criação do ator e a averiguação da funcionalidade dessa metáfora.

Em sua classificação das expressões da arte, Adolphe Appia informa que o teatro é arte performática[3], pois de maneira indissolúvel necessita do espaço e do tempo, compreendidos em um universo euclidiano[4].

---

3 Cf. *L'Oeuvre d'art vivant*, p. 13-32.
4 Segundo Euclides (conhecido como Euclides de Alexandria, matemático platônico grego, cc. 300 a.c.), existem três dimensões espaciais (eixos x,y e z). Por fim, a última é a dimensão temporal - sendo nossa compreensão atual do tempo vetorial, ou seja: parte do passado em direção ao futuro.

PENTAGRAMA

Portanto, desde o início, o problema de tempo-espaço está na base constitutiva da performance.

Todos os grandes mestres apontam para a questão de como o ator deve trabalhar o tempo e várias proposições foram feitas sobre o tema. De maneira geral, podemos perceber que quando uma personagem executa suas ações, elas devem surpreender o público. Ou seja, a fluência que a personagem percebe em relação ao tempo (e seu ritmo) deve conter certo grau de imprevisibilidade. O performer deve ser um controlador do espaço-tempo de sua criação. Esse controle se expressa quando o artista é um aniquilador do tempo e, simultaneamente, um dilatador do espaço. O teatro deve ser o mundo, o macrocosmo. O espaço de representação é o mesocosmo e o seu corpo, o microcosmo. Entre seus dedos pode repousar todo o universo. Seu corpo (e sua mente) deve se dilatar a ponto de ser toda a natureza. A ideia de "presença" criada pelo domínio físico que o performer tem é alinhavada por Barba à da dilatação[5].

Imagino uma tensão, um antagonismo primordial entre as dimensões perceptivas na consciência do espectador. A origem dessa tensão estaria na oposição de princípio contida no aspecto espaço-temporal da representação. O teatro pode produzir um impacto significativo na percepção de duração da audiência, de tal forma que, quanto maior o envolvimento poético emocional e a volição estética do espectador, mais traumático será seu retorno à cronologia ordinária. Uso um exemplo pessoal: no final da década de 1980, assisti a uma apresentação de O Matrimônio com Deus, do Odin Teatret. Após o espetáculo, a sensação da passagem do tempo era mínima, muito inferior ao tempo gasto pela encenação. "O espaço é construído pelo método de contraponto – do movimento em direção contrária."[6] Com esse pensamento de Tomaszewski, compreendo que essa tensão emocional na consciência do espectador pode ser preponderante em relação à sua percepção de duração do evento cênico.

5   E. Barba; N. Savarese, The Secret Art of the Performer, p. 54.
6   A. Hausbrandt, Tomaszewski's Mime Theatre, p.49

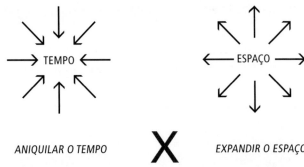

O espaço é uma referência exterior ao indivíduo e sua medição e aferição consequentemente também o são. O espaço, assim como o alimento que ingerimos, é palpável e interpessoal. Trabalhar bem pelo espaço é tão somente um pré-requisito ao performer. Para o verdadeiro artista, o espaço é construção poética. Logo, passo a determinar que o corpo-amparador ou revestimento ligado ao Annamayakosha seja aquele que move o ator – e as imagens por ele criadas – pelas dimensões espaciais.

Prana, o ar imaterial e intangível, passa em consequência a referir-se ao tempo. Dimensão que se revela à percepção sempre de maneira intrapessoal. Bachelard supõe percepções temporais como duração e destaca-as no plano sensorial da ação perpetrada pelo sujeito. Portanto, o segundo revestimento, Pranamayakosha, refere-se à utilização do tempo nas construções do ator. Zeami propõe que o ator ao empregar sua energia no espaço/tempo a divida em dez unidades – ao espaço seria destinado duas unidades, enquanto que ao tempo caberiam oito dessas parcelas[7].

Manomayakosha, esse corpo, ligado ao fisiológico e suas funções, que escapam às racionalizações, é relacionado à ideia de um conhecimento tácito para além de palavras e definições. Nossas experiências nos marcam de maneira indelével, mesmo que não nos apercebamos disso. Cada treinamento, exercício e dinâmica empreendida pelo ator acabam acarretando um traço, preferencialmente profícuo.

7 Cf. R. Schechner, *Performance Studies*, p. 42.

Ao longo do tempo, esse acúmulo de experiências urde no ator um saber que está além das palavras.

O Vijnanamayakosha alegoriza o arsenal técnico que o ator, de forma consciente, coloca à sua disposição para urdir sua criação. Ao tecer uma composição, o artista emprega de maneira deliberada suas referências artísticas. Já o performer expõe seu ideário a cada nova criação. Perceber a cena como objeto de sua arte e, assim, intencionalmente tramá-la, é o foro desse revestimento. O Vijnanamayakosha representa o transporte para a prática do âmbito das técnicas adquiridas e usadas de maneira consciente pelo artista-criador.

Ao Anandamayakosha é reservada a ideia de grande arte, quando as imagens e as *personas* propostas intencionalmente tendem a uma construção altamente elaborada e, paradoxalmente, muito simples. Ao rejeitar um horizonte perfunctório e aventurar-se, o verdadeiro artista impõe-se, de alguma forma, uma expansão dos limites de sua consciência sobre o ofício. E o próprio significado do fazer artístico e suas implicações, que se poderiam apresentar-se maculados pela historicidade e idiossincrasias do egoicas, podem universalizar-se. Dessa maneira:

Annamayakosha	Alimentos – deglutição	ESPAÇO
Pranamayakosha	Ar – respiração	TEMPO
Manomayakosha	Movimentos internos e funcionamento do corpo – homeostase	"CONHECIMENTO TÁCITO"
Vijnanamayakosha	Conhecimento – aprendizado	TÉCNICAS ADQUIRIDAS
Anandamayakosha	Transcendência e o sentido do divino – epifania	GRANDE ARTE

Tendo os cinco revestimentos e a sua correlação com elementos da representação, proponho um *corpus* metodológico, um caminho sistêmico que não abandona a causa simbólica e é encontrado na figura do pentagrama. A estrela que somos todos nós, homens e mulheres, de tal maneira que a cada um dos revestimentos foi atribuída uma linha do pentagrama. Assim:

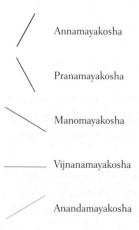

Intersecções das Linhas do Pentagrama: Significações e Procedimentos Sugeridos.

1ª Intersecção
Espaço – Tempo

No cruzamento inicial do processo de composição para a cena, os dois primeiros princípios de agenciamento se encontram. Essa etapa marca o inicio da clivagem temática do material dramatúrgico a ser utilizado. Entretanto, não significa que seja um momento dedicado unicamente à leitura e reflexões teóricas, mas as preocupações artísticas que galvanizam as pessoas em torno de um processo de criação devem ser expostas. Nesse momento, toda a problemática volta-se para a expressão. Uma abordagem possível está na forma de perguntas como:

– O que eu quero dizer?

– Qual é o discurso que o coletivo de criação, ou a montagem, assume?

– Existe uma opção prévia de linguagem? Por quê?

A resolução dessas angústias iniciais, talvez, nunca seja inteiramente satisfeita. Porém, o esforço por percorrê-las cria o movimento em busca de imagens com potência suficiente para abrigar possíveis soluções para os dilemas apresentados.

Uma ressalva deve ser feita: mesmo sendo uma fase inicial do processo de confecção cênica, as eventuais colisões entre conteúdos e formas de expressão devem ser levadas em conta. Mesmo que a produção, o diretor ou o coletivo os considerem indiferenciados, o tratamento direto desse problema surge como tendência natural rumo à sua formalização.

A formação de protocenas já é admissível desde essa fase, sem qualquer pretensão de considerar essa etapa como um primado do texto e evitando a tentação de supô-la apenas como uma forma sofisticada de ensaios de mesa ou improvisações livres.

A ênfase dessa etapa – já percebida em sua designação – é a busca pelas categorias de espaço-tempo que esteiam a produção. Os conceitosde cronotopo e dialogismo, empreendidos por Mikhail Bakhtin, são instrumentalizados para o adensamento do discurso cênico a ser urdido. Grosseiramente podemos situar cronotopo como a imagem que a pessoa apresenta no tempo, a precedência do ser em uma determinada localização e sua constante modificação ao longo do tempo. O aspecto de *devir* implícito nas categorias de cronotopo alude significativamente à conceituação da cena contemporânea em seu aspecto de impossibilidade de finalização. Os pesquisadores

Maria Eveuma de Oliveira e Manoel Freire, analisando o romance *Dora, Doralina*, formulam a questão da seguinte maneira:

> Podemos afirmar que, pela concepção de Bakhtin, as categorias cronotópicas colaboram para a formação do romance por apresentarem personagens inacabadas em um processo de evolução que nunca se concluirá. Assim, constrói-se a imagem do homem em formação e o tempo interioriza-se no sujeito modificando sua vida, seu destino e a si mesmo.[8]

Sarrazac afirma que no teatro contemporâneo o diálogo, juntamente com outras categorias constitutivas da cena, está em crise. Nesse horizonte, o dialogismo funciona como recurso natural à confecção do texto cênico, pois as fricções dialéticas produzem o diálogo instaurado, que não inclui apenas as réplicas trocadas pelas personagens, mas, sobretudo, aquele travado entre o performer e sua audiência. Ainda é necessário salientar que o legado do texto atual é a polifonia. O texto de teatro apresenta uma enorme porosidade em relação a outros discursos – que, se por um lado podem truncá-lo; por outro, o expandem ao infinito. Mais uma vez é necessário que se entenda o dialogismo como uma circulação ativa em relação à enunciação produzida pelo emissor e receptor. Ou, conforme coloca Maria Letícia de Almeida Rechdan: "A noção de recepção/compreensão ativa proposta por Bakhtin ilustra o movimento dialógico da enunciação, a qual constitui o território comum do locutor e do interlocutor."[9]

Ênfase. Descoberta do discurso artístico do performer e seu confronto com imagens que o desafiam como *doppelgänger*[10]. A pergunta fundamental nessa fase é o que o performer tem e quer dizer.

---

8 O Cronotopo Narrativo: Uma Análise do Romance "Dora Doralina", p 2. Disponível em: <http://www.ileel.ufu.br/anaisdosilel/wp-content/uploads/2014/04/silel2011_781.pdf >.

9 Dialogismo ou Polifonia?, p. 3. Disponível em: <http://www.ufrgs.br/soft-livre-edu/polifonia/files/2009/11/dialogismo-N1-2003.pdf>.

10 Termo alemão que designa seu duplo negativo, o "outro", o sinistro.

Procedimentos. Dinâmicas de improvisação e de análise ativa *stanislavskiana* das cenas. Os personagens estabelecem as bases gerais das circunstâncias propostas e do superobjetivo da montagem. A divisão da cena é feita em unidades menores e microcenas[11].

2ª Intersecção
Tempo – Conhecimento Tácito

"Ou um artista é de seu tempo ou é de tempo nenhum"

Pablo Picasso.

A superfície política do ato representacional é a tônica dessa segunda intersecção do pentagrama. Nessa etapa, as principais suposições da dramaturgia já foram assumidas e passa-se a imaginar um projeto de recepção para a peça.

Claramente partidário da intencionalidade na produção, creio que toda imagem cênica construída deve ter seu destino planejado, pois se trata de uma interferência deliberada. A audiência reunida em assembleia compartilha de projetos de mundo, de visões filosóficas e existenciais, mesmo que para o elenco esses

---

[11] Termo cunhado por Armando Sérgio Silva descrito da seguinte forma: "É uma análise da personagem no tempo, ou seja, descobrir, em ação, quais são as configurações dramáticas, pelas quais passa a sua personagem. É o que chamo de 'microcenas'. Stanislávski fala em situações dramáticas, Grotowski e Barba falam em partitura de ações." Interpretação: Uma Oficina da Essência, em A.S. Silva (org.), *Cepeca: Uma Oficina de PesquisAtores*, p. 57.

projetos e visões não estejam suficientemente claros para consolidarem-se em um discurso coerente. É, portanto, capital ao performer saber a serviço de qual ideário seu ofício está sendo oferecido, pois à sua expressão na arte deveria corresponder sua filosofia existencial. Uma escolha na arte traduz-se, repito, em uma escolha na vida.

O caráter épico evocado pela abordagem da segunda intersecção deve ser incentivado e a percepção de que nessa fase o produto a ser pensado como espetáculo apresenta uma função instrumental é nítida. Nada mais lógico do que a consideração material da produção também ser pertinente para essa fase do trabalho de criação. As motivações históricas e os fatores socioculturais que motivam o esforço de produção são o próprio tema desse segundo momento do pentagrama e tudo até então criado necessariamente passa por tal crivo.

Apesar do caráter dominante desse momento ser reflexivo, a discussão gerada pode funcionar como motor criativo, direto e indireto para a composição cênica. Não se trata de transformar a criação em panfleto, mas de ampliar a consciência do performer sobre as condições gerais de seu fazer sobre o mundo. A arte como um dos motores do pensamento humano encarrega-se de formular as questões universais. Para isso, deve-se voltar ao seu universo mais próximo e, de alguma forma, transformá-lo. Não voltando a uma doutrina cega, mas fazendo com que suas mais inabaláveis verdades sejam motivo constante de dúvida e desafio.

Ênfase. Fazer uma reflexão crítica a partir das discussões propostas. Esse é o momento de interferência mais acentuado do dramaturgista[12]. A tradução do termo me soa inadequada, mesmo que atualmente em voga. Profiro, ao contrário, o já em desuso teatrólogo.

Procedimentos. Discussões, seminários, *workshops* etc.

---

12 Termo originário do alemão *dramaturg*. Sendo não necessariamente uma pessoa, mas uma função como o "cérebro pensante" do esforço de produção.

3ª Intersecção
Conhecimento Tácito – Espaço

Esse encontro no pentagrama fecha o espaço interno em um triângulo. A soma das linhas cria um provocativamente inacabado e assimétrico símbolo do infinito, de modo que esse alvissareiro triunvirato convida à exploração radical do espaço pelo performer. E aqui podemos categorizar essa exploração em dois principais *fronts*: o espaço de representação como espaço dramático, onde a ação propriamente dita acontece. O segundo é o espaço que performer ocupa ou pensa ocupar.

No espaço dramático e sua exploração, uma série de contingências se impõe ao performer, desde a arquitetura da edificação à estética da encenação. Entretanto, o teatro é a arte que nasce do privilegiado lugar onde se vê, mostrando *ad hoc* a ascensão dos fenômenos de recepção a ele impostos. Naturalmente, aquilo que é do espetáculo, que a cena revela e outras tantas vezes oculta, traduz-se em importante ponte com o público. A localização geográfica de uma cena, sua topografia e, sobretudo, o posicionamento especial aos olhos daqueles a quem a cena se destina são, com efeito, a coluna central do trabalho dos artistas de teatro. E brincar em como surpreender o olhar do público nunca será de todo inútil.

O volume que o performer acredita ocupar na cena e a maneira com que ele investe contra o que o circunda envolvem variáveis não menores. A caracterização e todo o processo de criação dependem de opções iniciais de linguagem. E, da mesma maneira, toda a encenação tende a apoiar-se em partidos estéticos previamente intuídos. O trabalho de composição pode eleger compromissos formais, ainda que inicialmente eles possam apresentar-se pela negação. O performer escolhe antes o que e como não mostrar.

Ênfase. Plástica dos músculos, mimese corpórea segmentada, *hated person*, deformação do espaço e ponto de vista inusitado.
Procedimentos. Exercícios de segmentação do corpo em áreas. Cada parte do corpo recebe um tratamento formal distinto. Um exercício guia para essa etapa seria o *hated persons*, de Desmond Jones[13].

4ª Intersecção
Conhecimento Tácito – Técnica Adquirida

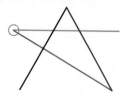

Nesse momento do trabalho, o performer deve fazer emergir suas experiências para a composição em processo. Algum estímulo gerado por ele próprio deve ser empregado – existindo algum *know-how* prévio, ele pode, mas não deve necessariamente, ser explicitado como um dado do processo de composição.

O performer ficaria livre para optar por autoestímulos, desde que ele abranjam as ordens sensoriais e emocionais. A busca por anteparos pessoais que aproximem a cena do performer é um pródigo caminho desvelado por Armando Sérgio Silva[14]. Vale lembrar que fundamentalmente a tese defendida pelo autor de "Oficina da

---

13 Nesse exercício faz-se a mimese corpórea de alguma pessoa conhecida do ator que possua alguma distinção ou exotismo.
14 "Falo aqui de anteparos na própria acepção do termo: designação genérica das peças (tabiques, biombos, guarda-ventos etc.) que servem para resguardar ou proteger alguém ou alguma coisa." Op. cit, p. 57.

Essência" é de que através da relação cognitiva com algum estímulo, o ator desenvolva uma forma absolutamente pessoal de reação[15].

Outra maneira de abordagem dessa etapa do pentagrama é a partir de dois caminhos estranhamente semelhantes, porém, fundamentalmente distintos. Uma das formas mais imediatas de aproximação afetiva do performer com sua composição é o emprego de elementos *stanislavskianos* de memória emocional. Considerando-se as prevenções e precauções que tal procedimento despende, é inegável que a credibilidade alcançada – especialmente no plano do jogo psicológico da cena – proporciona momentos tocantes no âmbito da recepção. O outro caminho seria a instrumentalização de recursos psicofisiológicos – como, por exemplo, o preconizado por Susana Bloch, Pedro Orthous, e Guy Santibañez-H[16] – em que, controláveis, porém radicais, alterações nas condições fisiológicas criam na audiência e, às vezes, no próprio performer, a aparência real de um determinado estado emocional.

Ênfase. O performer busca nessa etapa encontrar em si mesmo estímulos para cada unidade decomposta da cena. A intenção é encontrar variados instrumentos que estimulem o indivíduo tanto no aspecto sensorial, quanto emocional. A origem e a forma das fontes de estímulo podem ser as mais diversas, desde que cumpram a premissa de gerar resultados observáveis.

Procedimento. A partir de uma divisão da protocena em unidades menores e autônomas, o performer encontra para cada uma delas estímulos de diferentes fontes e formas. A metodologia de Armando Sérgio Silva propõe as "microcenas" como instrumento de detalhamento da composição. Segundo suas palavras, a microcena é "uma análise da personagem no tempo. Ou seja, descobrir em ação quais são as configurações dramáticas pelas quais passam a sua personagem"[17].

15 Ao que Armando Sérgio Silva nomeia "impressão digital". Idem, p. 78.
16 Cf. Effector Patterns of Basic Emotions, em P. B. Zarrilli (ed.), *Acting [Re]Considered*, p. 197.
17 Op. cit., p.57.

5ª Intersecção
Técnica Adquirida – Espaço

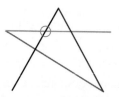

Nesse momento, o performer deve dominar o seu espaço gestual[18] e tentar ampliá-lo o quanto puder. O espaço converte-se nas três dimensões euclidianas mais imediatas, porém não estéreis de poesia. Ao riscar com seus volumes a matéria evanescente do ar, o performer deve fazê-lo com deliberada precisão, mesmo nos momentos iniciais de suas composições. O enfoque não deve recair em formalizações ou cristalizações precoces, mas no emprego consciente das forças físicas que decidem o movimento. E ainda para que o gestual justifique-se como parte fundadora da imagem em gestação.

Nessa fase, cabe cuidar da movimentação e do emprego das qualidades em sua relação ao espaço de representação. Uma das teses mais recorrentes é a da reaproximação moderna entre o drama e a dança. O hibridismo contemporâneo das artes tem forçado a aproximação das aparentadas artes performáticas.

Ênfase. Utilização consciente do espaço na realização da cena.
Procedimentos. Cena muda: a protocena é realizada sem palavras.
  Caso não haja texto verbal, a protocena é passada com absoluta ênfase na marcação e na plasticidade do quadro. Filme reverso: a protocena é realizada de trás para frente.

---

18 P. Pavis, *Dicionário de Teatro*, p. 137.

6ª Intersecção
Técnica Adquirida – Tempo

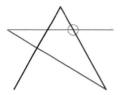

Essa conexão oferece-nos poeticamente o coração da estrela. O performer será mestre do batimento cardíaco de sua cena, controlar o tempo e simultaneamente se deixar por ele controlar. Sua cena torna-se música e seu constantemente variável fluxo materializa-se.

Ênfase. Precisão temporal da cena, que se revela com o rigor e a leveza da música. Uma dinâmica a ser trabalha nesse momento seria a de se perceber a cena como uma melodia a ser executada, seguindo-se quase uma partitura para tanto. A cena, então, deve ser percebida como um organismo e sua respiração é lapidada em detalhe.

Procedimentos. Elaboração de mapas (gráficos) de tempo-ritmo externo e tempo-ritmo interno, de Laura K. Lucci, já anteriormente citados, na execução do exercício Cardiograma do Mapa de Ritmo.

7ª Intersecção
Técnica Adquirida – Grande Arte

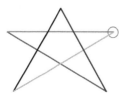

A última linha é posta e a estrela completa sua forma. O derradeiro ingrediente do pentagrama, a grande arte, faz sua aparição.

A composição perde definitivamente sua feição de protocena e torna-se objeto que caminha para a fruição.

De certa forma, é nessa fase que se consolida a junção entre a quinta e a sexta intersecções do pentagrama, revelando o aspecto revisionista desse momento. Mas há também a preocupação com a busca do aprazível, do ajustado e, sobretudo, do correto para a *mise-en-scène*.

As dinâmicas e os detalhamentos propostos nas duas etapas anteriores são fundidos em dinâmica de ensaio. Nessa etapa, as imagens criadas recebem tratamento formal expressivo e são urdidas na estrutura do espetáculo.

Ênfase. Junção da quinta e sexta conexões da estrela e a busca pelo belo. O mitopoético como anteparo e a busca por referências.
Procedimentos. Ensaios de repetição e aprimoramento das cenas.

8ª Intersecção
Grande Arte – Tempo

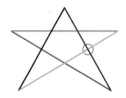

Se a sexta intersecção do pentagrama nos revela o coração da figura, a oitava nos apresentaria as outras entranhas como metáfora. Apesar da lateralidade, talvez o fígado seja o emblema que melhor represente essa passagem. A angústia, o medo e a incerteza povoam a alma do artista e esse momento, pela proximidade do fim da jornada, mostra-se como a mais sombria das passagens.

Essa etapa visceral pode ser resumida pela autocrítica. Assim, temos mais um momento que evita antecipar o movimento da composição rumo à recepção, mas antes se volta ao objeto criado e tenta desvendar-lhe os eventuais equívocos. O impulso não é mais a demanda por pretensas qualidades a serem acrescidas à criação, mas a clivagem de suas imperfeições, incongruências e descuidos.

Ênfase. A intenção desse ponto é a junção entre o ideal de superobjetivo[19] da montagem e sua validação histórica. Paralelamente às questões de fundo social e histórico, devem ser levantadas as imagens que realmente surgem como reveladoras dos símbolos propostos e a relevância em termos de abrangência e significados.

Procedimentos – Formulação de um discurso de identidade da obra através de sua autocrítica. Imersão em discussões posteriores a ensaios de repetição de aprimoramento.

9ª Intersecção
Grande Arte – Conhecimento Tácito

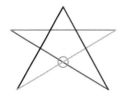

Momento imediatamente anterior ao desfecho, que o antecipa e pretende adivinhá-lo. É, portanto, teleológico, preparando conscientemente o performer para as possíveis reações que sua composição poderá obter. Inversamente à expectativa de precipitação, esse momento propõe uma estase, uma súbita interrupção. Brota uma espécie de consciência no artista que, mesmo que ainda

---

19 Termo stanislavskiano que, genericamente, pode significar a intenção que melhor representa todo esforço artístico empreendido para a realização de uma determinada produção teatral.

não completamente apreensível em palavras, constitui-se no devir de conhecimento coletivamente criado.

Ainda assim, essa suspensão anterior à mostra a um público exterior é prenhe em apreensões e medos, mas poderosa ao demonstrar a força motriz dos performers. Um incontrolável impulso de dimensões claramente libidinosas toma sua vez e a antecipação do encontro com a audiência é o curto-circuito do fetiche para o performer.

Ênfase. Consciência sobre as possíveis ressonâncias causadas pela obra. Emocionar-se com o próprio fazer.

Procedimentos. Construção do espetáculo nos ensaios e percepção dos possíveis recortes de olhar.

10ª Intersecção
Grande Arte – Espaço

O encontro com o público, o mágico e fenomenal momento da apresentação. Essa última conexão do pentagrama nos convida a refazê-lo em sentido inverso, pois o que pode advir do contato com essa entidade, o público, mestre de todos os mestres, senão que o artista humildemente revisite seus esforços e avalie se ainda assim valeu a pena realizá-los? O sentido inverso traz a tona a espiral simbólica escondida sob a figura da estrela de cinco pontas, que afinal é o homem.

Bibliografia

APPIA, Adolphe. *L'Oeuvre d'art vivant*. Genève: Atar, 1921.

BACHELARD, Gaston. *A Dialética da Duração*. São Paulo: Ática, 1994.

_____. *A Poética do Espaço*. São Paulo: Abril Cultural, 1978.

BARBA, Eugênio. *Além das Ilhas Flutuantes*. São Paulo/Campinas: Hucitec/Editora da Unicamp, 1991.

BARBA, Eugênio; SAVARESE, Nicola. *The Secret Art of the Performer: A Dictionary of Theatre Anthropology*. London: Routledge, 1991.

BLOCH, Susana; ORTHOUS, Pedro; SANTIBAÑEZ-H, Guy. Effector Patterns of Basic Emotions: A Psychophysiological Method for Training Actors. In: ZARRILLI, Phillip B. (ed.). *Acting [Re]Considered: A Theoretical and Practical Guide*. London: Routledge, 1995.

BORGES, Jorge Luis. *O Livro dos Seres Imaginários*. São Paulo: Globo, 1989.

BROOK, Peter. *O Ponto de Mudança*. Rio de Janeiro: Civilização Brasileira, 1994.

_____. *There Are No Secrets*. London: Methuen, 1993.

_____. *A Theatrical Casebook*. London: Methuen, 1988.

BURNIER, Luiz Otávio. *A Arte do Ator: Da Técnica à Representação*. Campinas: Editora da Unicamp, 2001.

CAMPBELL, Joseph. *O Poder do Mito*. São Paulo: Palas Athena, 1996.

_____. *As Máscaras de Deus: Mitologia Primitiva, v.1*. São Paulo: Palas Athena, 1992.

_____. *As Máscaras de Deus: Mitologia Oriental, v.2*. São Paulo: Palas Athena, 1992.

CHEKHOV, Michael. *Para o Ator*. São Paulo: Martins Fontes, 1996.

CHEVALIER, Jean; GHEERBRANT, Alain. *Dicionário de Símbolos*. Rio de Janeiro: José Olímpio, 1982.

COUTINHO, Eduardo Tessari. *Uma Cena Precisa*. Tese de doutorado. Escola de Comunicação e Artes, São Paulo, USP, 2000.

CUNHA, Antonio Geraldo da. *Dicionário Etimológico da Língua Portuguesa*. Rio de Janeiro: Nova Fronteira, 1982.

CYPRIANO, Adriano; SILVA, Armando Sérgio. O Ator Nitente. In: SILVA, Armando Sergio (org.). *Cepeca: Uma Oficina de PesaquisAtores*. São Paulo: Amigos da Praça, 2010.

DECROUX, Etienne. *Words on Mime*. Claremont: Pomona College, 1985.

DURAND, Gilbert. *As Estruturas Antropológicas do Imaginário*. São Paulo: Martins Fontes, 2001.

EISENSTEIN, Sergei. *A Forma do Filme*. Rio de Janeiro: Jorge Zahar, 1990.

FERRACINI, Renato. *A Arte de Não Interpretar Como Poesia Corpórea do Ator*. Campinas: Editora da Unicamp, 2001.

FRANZ, Marie-Louise. *C. G. Jung: Seu Mito Em Nossa Época*. São Paulo: Circulo do Livro, 1975.

GORDON, Mel. *The Stanislavski Technique*. New York: Applause Theatre Book, 1987.

GROTOWSKI, Jerzy. *Towards a Poor Theatre*. New York: Simon and Shuster, 1968.

HARK, Helmut (org.). *Léxico dos Conceitos Junguianos Fundamentais: A Partir dos Originais de C.G. Jung*. São Paulo: Loyola, 2000.

HAUSBRANDT, Andrzei. *Tomaszewski's Mime Theatre*. Warsaw: Interpress, 1975.

JUNG, Carl Gustav. *O Homem e Seus Símbolos*. Rio de Janeiro: Nova Fronteira, 1964.

KNÉBEL, María. *El Último Stanislavsky*. Caracas: Fundamentos, 1999.

KUSNET, Eugênio. *Ator e Método*. São Paulo, Rio de Janeiro: Hucitec & IBAC, 1992.

LANG, Andrew. *Myth, Ritual & Religion, v.1*. London: Longmans, Green and Co., 1995.

LEABHART, Thomas. *Theatre and Sport. Mime Journal*. Claremont, Pomona College, 1996.

MOORE, Sonia. *The Stanislavski System*. Middlesex: Penguin, 1976.

PAVIS, Patrice. *Dicionário de Teatro*. São Paulo: Perspectiva, 1999.

PESTANA, Flávio B. (coord.) *Dicionário Completo de Língua Portuguesa*. São Paulo: Melhoramentos, 1994.

PRÓCHNO, Caio Cezar Souza Camargo. *Corpo do Ator: Metamorfoses, Simulacros*. São Paulo: Annablume, 1999.

REWALD, Rubens. *Caos/Dramaturgia*. São Paulo: Perspectiva/Fapesp, 2005.

ROUBINE, Jean-Jaques. *A Arte do Ator*. Rio de Janeiro: Jorge Zahar, 1985.

SCHECHNER, Richard. *Performance Studies: An Introduction*. London/New York: Routledge, 2006.

SILVA, Armando Sérgio. Interpretação: Uma Oficina da Essência. In. _____ (org.). *Cepeca: Uma Oficina de PesquisAtores*. São Paulo: Associação Amigos da Praça, 2010.

STANISLAVSKI, Constantin. *Manual do Ator*. São Paulo: Martins Fontes, 1997.

BIBLIOGRAFIA

Periódicos

COLI, Jorge. O Fascínio de Frankenstein. *Folha de S. Paulo*, São Paulo, 2 jun. 2002. Caderno Mais.

Artigos on-line

FRONCKOWIAK, Angela Cogo; RICHTER, Sandra. A Poética do Devaneio e da Imaginação Criadora em Gaston Bachelard. Disponível em: <http://www.gedest.unesc.net/seilacs/devaneio_angelaesandra.pdf>. Acesso em 30 mar 2015.

OLIVEIRA, Maria Eveuma de; FREIRE, Manoel. O Cronotopo Narrativo: Uma Análise do Romance "Dora, Doralina". Disponível em: <http://www.ileel.ufu.br/anaisdosilel/wp-content/uploads/2014/04/silel2011_781.pdf >. Acesso em 30 mar 2015

RECHDAN, Maria Letícia de Almeida. Dialogismo ou Polifonia?. Disponível em: <http://www.ufrgs.br/soft-livre-edu/polifonia/files/2009/11/dialogismo-N1-2003.pdf>. Acesso em 12 nov. 2013.

Este livro foi impresso na cidade de São Bernardo do Campo,
nas oficinas da Bartira Gráfica e Editora, em julho de 2015,
para a Editora Perspectiva.